自分で学ぶ力がつく

けテぶれ学習法

テスト 練習 計画 分析

漢字練習 小学6年生

6年生で習う191字をマスター

著 葛原祥太　イラスト・漫画 雛川まつり

"KETEBURE" Learning Method

KANJIRENSYU

KADOKAWA

けテぶれのやり方

け　計画
テ　テスト
ぶ　分析
れ　練習

計画　自分の現状をふまえ、その日やることを書く

○○だから□□をする！　という書き方がよい
今日は本気でがんばる！　という気持ちを書くのも OK

テスト　今の実力を確認する

できるだけ本番と同じ環境を作って、本気で取り組む
答えを見ながら、自分で丸付けもする

分析　よかったこと・わるかったことの理由を考える

くやしい！　やった！
など思ったことをそのまま書くのも OK

練習　実力を高めるための練習をする

頭をやわらかく、目的に応じていろいろな方法を試す

もくじ

けテぶれアニマルズ

子どもたちに勉強の楽しさを教えるために旅をしている。
けいかクジラ、テストラ、ぶんせキリン、れんしゅウシがメインメンバー

けいかクジラ

けテぶれの「計画」の
アドバイスをしてくれる。
頼れるお姉さん

テストラ

けテぶれの「テスト」を
教えてくれる。自分に厳しい。
本気になることが大好き

ぶんせキリン

けテぶれの「分析」において、
あらゆる視点から
考えることが大切と説く

れんしゅウシ

けテぶれの「練習」では、
質と量の視点などを教えてくれる。
やさしいお母さん

この本の特長と使い方

漢字学習ページの流れ

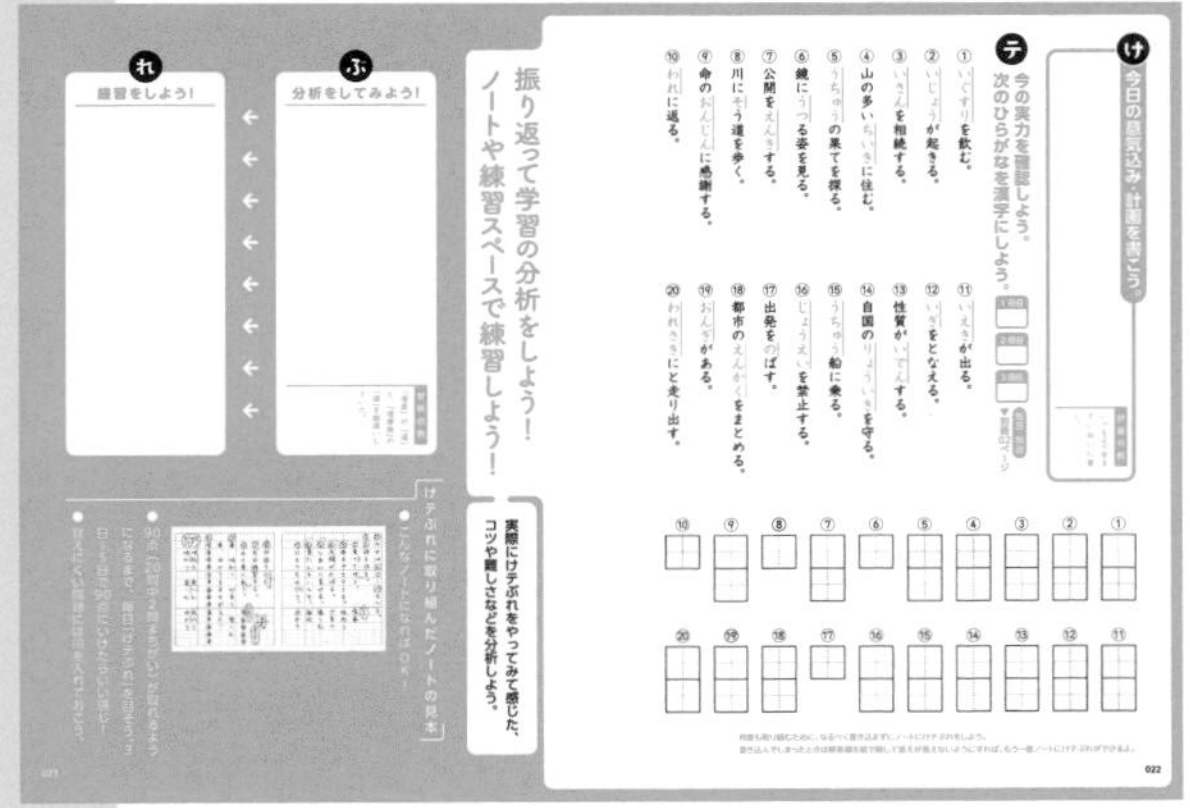

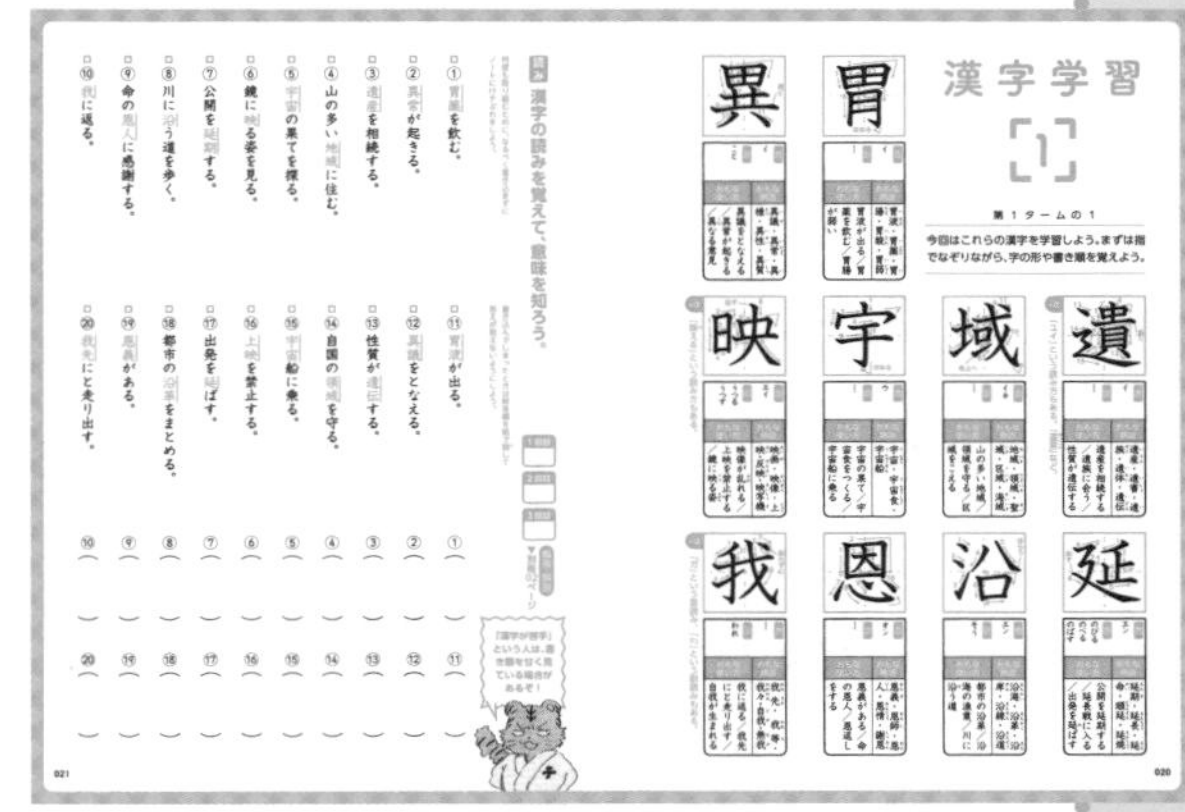

漢字学習は、「けテぶれの準備」2p（右側）と「けテぶれの実践」2p（左側）を繰り返していきます。準備では「読み」を、実践では「書き」を学びます。同じ問題を「読み」「書き」の両方で学習することで、10文字程度ずつ、マスターしていきます。4p目は振り返りで、この4pの学習の分析や練習をします。「実践」については、P12〜15で詳しく説明しています。

この本の流れ

第1章 けテぶれの導入

- 漫画5p
- 学習の仕方4p

けテぶれ学習についてお伝えします。なぜけテぶれを回して学習をしていくべきなのかを説明します。

第2章 漢字学習

- 漢字学習（1）4p
- 漢字学習（2）4p
- 漢字学習（3）4p
- 漢字学習（4）4p
- 漢字学習（5）4p
- まとめのテスト2p
- 振り返り2p

漢字学習の部分では、4pを1セットで学習し、5セットごとにテストと振り返りをします。この5セットはタームと呼んでいます。4タームの学習（10文字程度×20セット）をすることで、6年生の漢字191字をすべて学習します。まとめのテスト（タームテスト）では、5セットで学んだ問題を復習します。同じ問題に取り組むことで、ちゃんと学べているかを確認します。振り返り（大分析・大計画）では、1つのターム（50文字）の学習を踏まえた大きな視点での振り返りをしましょう。漢字学習は、「けテぶれの準備」2p（右側）と「けテぶれの実践」2p（左側）を繰り返していきます。10文字程度ずつ、しっかり学習をしていきましょう。P12〜15で詳しく説明しています。

第3章 総復習テスト

- ウルトラテスト（1）
- ウルトラテスト（2）
- ウルトラテスト（3）
- ウルトラテスト（4）
- 自分の勉強法の振り返り

総復習テストで、4つのタームで学んだ漢字をテストします。ここまでに学んだ漢字がランダムに出題されるので、本当に身についているかを確認しましょう。

特典のダウンロード方法

本書をご購入いただいた方への特典として、

✓ 解き直しPDFデータ

を無料でダウンロードいただけます。
記載されている注意事項をよくお読みになり、
ダウンロードページへお進みください。

https://www.kadokawa.co.jp/product/322207001331/

[ユーザー名] keteburekanji6

[パスワード] animals6+

上記のURLへアクセスいただくと、データを無料ダウンロードできます。
「ダウンロードはこちら」という一文をクリックして、ユーザー名とパスワードをご入力のうえダウンロードし、ご利用ください。

- パソコンからのダウンロードを推奨します。携帯電話・スマートフォンからのダウンロードはできません。
- ダウンロードページへのアクセスがうまくいかない場合は、お使いのブラウザが最新であるかどうかご確認ください。また、ダウンロードする前に、パソコンに十分な空き容量があることをご確認ください。
- フォルダは圧縮されていますので、解凍したうえでご利用ください。
- なお、本サービスは予告なく終了する場合がございます。あらかじめご了承ください。

第1章

けテぶれって何？

"KETEBURE" Learning Method

KANJIRENSYU

1 人は「やらされる」ことが大嫌い

人はなにかを**「やらされる」**ことが大嫌いです。上のマンガのような環境だと、好きなゲームだったとしても、確実にゲームが嫌いになりますね。

食べ物でも同じです。みなさん、自分が大好きな食べ物を思い浮かべてください。思い出すだけで笑顔になってしまうような美味しい食べ物です。頭に出てきましたか？**「食べたいだけ食べていい」**と言われたらうれしいでしょうが、**「ここまで必ず食べなさい」**と言われたら、いやになりますよね。そもそも、**「食べきれない」**こともありますよね。

学び、成長、変化は、自分の経験を振り返ることから得られるものが強いです。大切なのは**「自分の経験」**を振り返ること。自分で選んで、自分でやるから、自分の経験となります。

先生やおうちの方にやらされたら、それはあくまでも**「先生の経験」「おうちの方の経験」**であって、みなさん自身の経験にはなりません。

「自分で考えて、自分でやる」

これが学習では大事です。この本では、**「自分でやる勉強」**のやり方をお伝えしていきます。

学校の勉強、塾の宿題…毎日やらなければならない勉強がいっぱいありますよね。

「好きなようにできない」

ならば、そりゃ「勉強」が嫌いになりますよね。上のマンガのように、**「できるのにやらせてくれない」「教えた方法しか許してくれない」**といった場合、やる気がなくなりますよね。細かく管理されるのも同様です。

この本では、**「自分で考えて、自分でやる」**ことを大事にしていきます。

でも、はじめから「なんでもいいから自分で勉強してごらん」と言われても、どうすればいいかわかりませんよね。海に入った瞬間に泳げる子なんていないのと同じように、はじめから上手に勉強できる子なんていないのです。

みんな「泳ぎ方の基本」を教えてもらって、泳げるようになっている。実は、勉強にもそういう**「基本的な勉強のやり方」**があるのです。

それが**「けテぶれ」**です。

この本では、6年生の漢字を4つのタームに分けて学習していきます。**10文字を1回として、5回が1つのセット**（1つのターム）です。6年生で習う漢字は191字なので、約200字を、20回のセットで学んでいく形になっています。セットは前半の**「けテぶれの準備」**と後半の**「けテぶれの実践」**からなっています。4pで「漢字のことを知り、けテぶれサイクルを回して、マスターする」ことができます。

10字×5回の計50字の学習を進めていくと、**中ボス**である**「タームテスト」**があります（P40のようなもの）。この「タームテスト」では、「セット」で学習した問題がランダムになっています。**「同じ問題をいろいろな形で徹底的にやる」**ことで、漢字をマスターしましょう。

4つのタームがおわると、最後は**ラスボス**の**「ウルトラテスト」**です（P118のようなもの）。「ウルトラテスト」は、それまでの「タームテスト」で出た問題がさらにランダムになっています。この**「大テスト」**で、6年生の漢字を仕上げましょう。**自然と「けテぶれ」の学習サイクルが身に付く**ようになっています。P12～15のけテぶれの実践の説明を読んでから、この本を攻略していってください。

4 自分でやる勉強はおもしろい

この本では、学習は「ノート」にやることを強くおすすめしています。**直接書き込んでしまうと一度しか学習ができない**ことに加えて、もう1つ大きな理由があります。

この本が伝えたいのは、**「自分でやり方を考えて、結果を出していくという勉強は面白い」**ということです。ですが、この本に書き込んで勉強するだけでは、この本が決めた流れでしか勉強ができません。「ノート」ならば、もっと自由に、もっと自分の思った通りの方法で勉強を進められます。これが、この本でノートを使うことをすすめる最大の理由です。**「自由に、思い通りの勉強をする」ためには、「勉強の基本」をしっかりと身に付けている必要**があります。この本ではこれを「けテぶれ」と表現して、たくさん練習しながら、徐々(じょじょ)に自分の勉強を自分の思い通りに動かせるようになっていきます。

もし、この本で「けテぶれ」に取り組む中で、もっと自分の学習をパワーアップさせたい！と思えた人は、**『マンガでわかる　けテぶれ学習法』**という本も読んでみてください。

5 じゃあ、勉強ってどうやって進めればいいの？

け 今日の意気込み・計画を書こう。

計画の例
いつもより字をていねいに書く。

けテぶれの実践では、まず「計画」を立ててね！自分なりの「計画」でいいのよ！

テ 今の実力を確認しよう。次のひらがなを漢字にしよう。

1回目 2回目 3回目

解答・解説 ▼別冊02ページ

①いぐすりを飲む。
②いじょうが起きる。
③いさんを相続する。
④山の多いちいきに住む。
⑤うちゅうの果てを探る。
⑥鏡にうつる姿を見る。
⑦公開をえんきする。
⑧川にそう道を歩く。
⑨命のおんじんに感謝する。
⑩われに返る。

⑪いえきが出る。
⑫いぎをとなえる。
⑬性質がいでんする。
⑭自国のりょういきを守る。
⑮うちゅう船に乗る。
⑯じょうえいを禁止する。
⑰出発をのばす。
⑱都市のえんかくをまとめる。
⑲おんぎがある。
⑳われさきにと走り出す。

① ② ③ ④ ⑤ ⑥ ⑦ ⑧ ⑨ ⑩

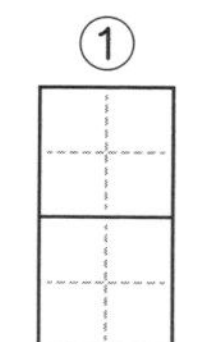
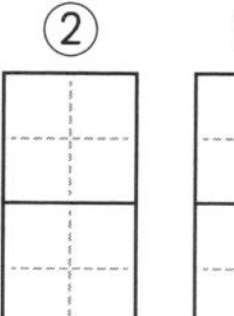
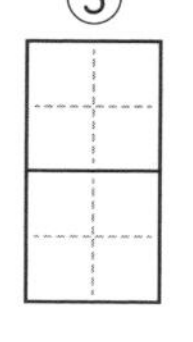
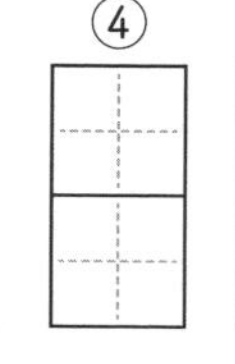
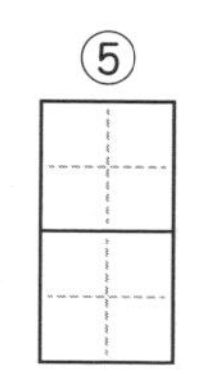
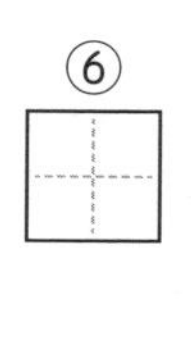
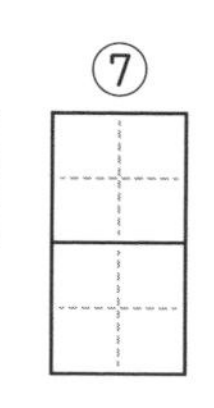
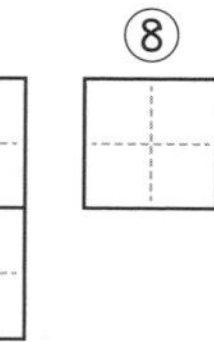

⑪ ⑫ ⑬ ⑭ ⑮ ⑯ ⑰ ⑱ ⑲ ⑳

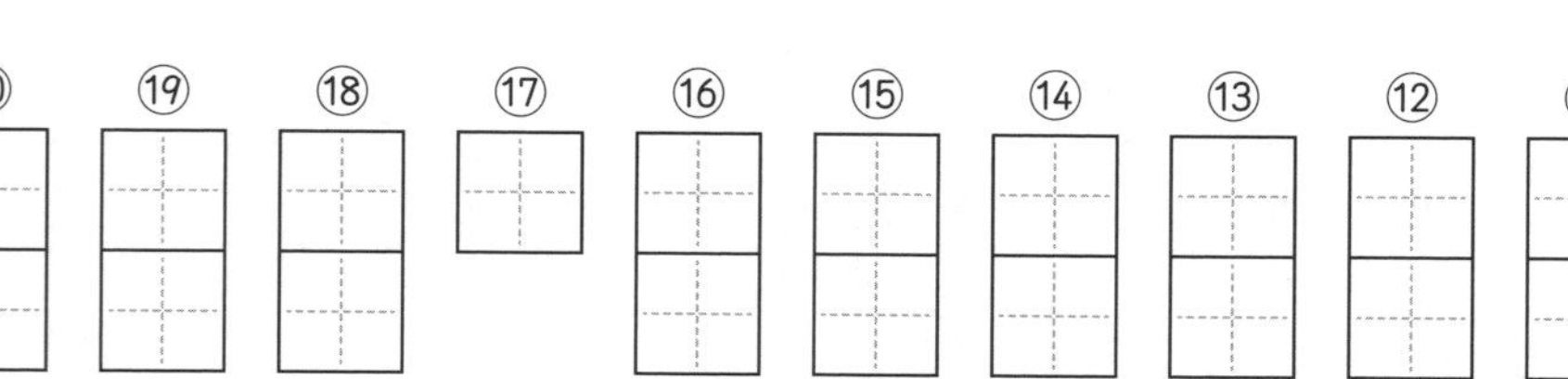

何度も取り組むために、なるべく書き込まずにノートに
書き込んでしまったときは解答欄を紙で隠して答えが見

10文字の漢字について、各2問の問題があるぞ。「自分にきびしく丸付け」をして、間違う(まちが)ことは何もはずかしくないぞ。間違えれば、分析、練習。そうすれば前に進める。これがけテぶれじゃ！

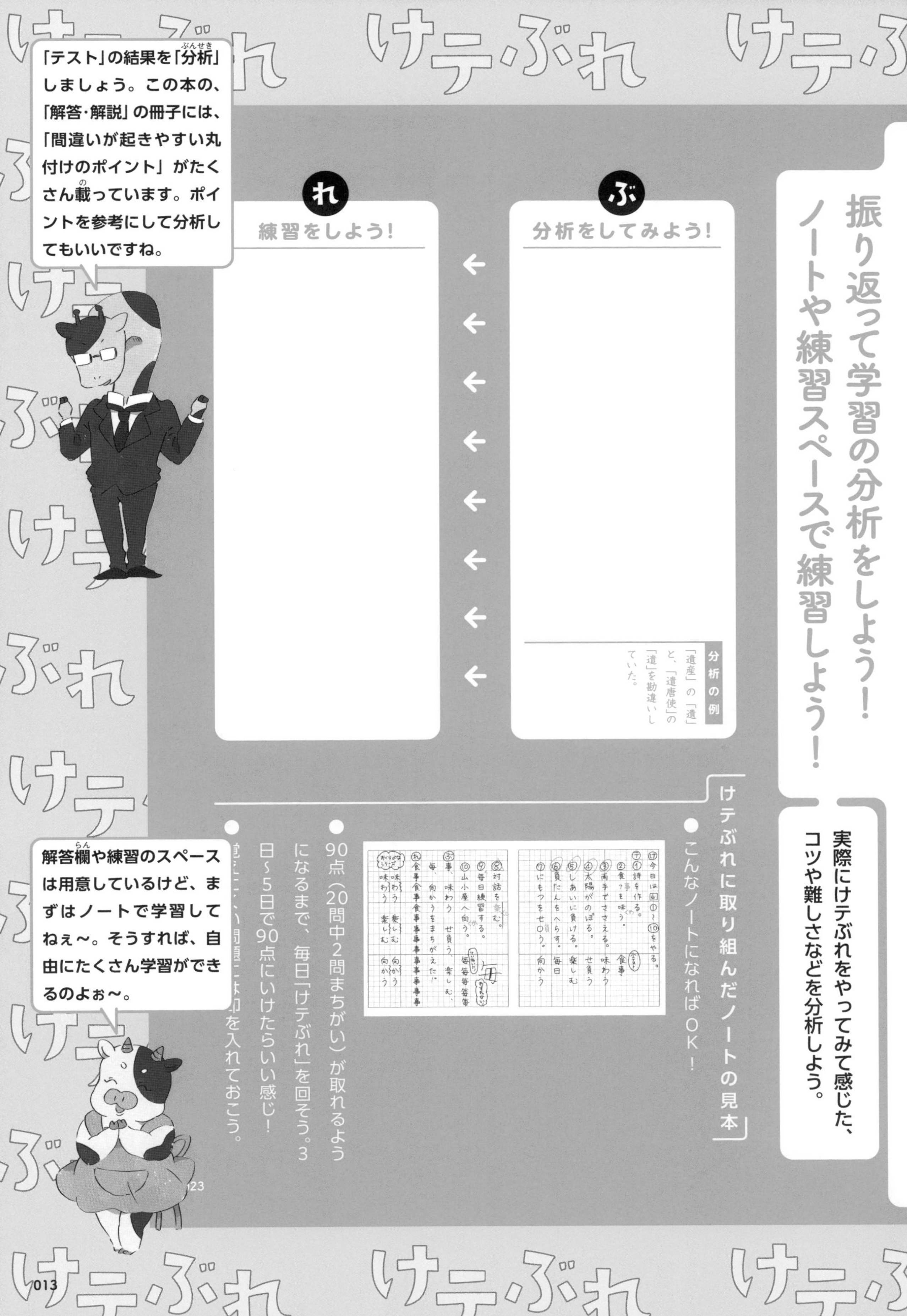
振り返って学習の分析をしよう！
ノートや練習スペースで練習しよう！
実際にけテぶれをやってみて感じた、
コツや難しさなどを分析しよう。
ぶ
分析をしてみよう！
分析の例
「遺産」の「遺」と、「遺唐使」の「遺」を勘違いしていた。
れ
練習をしよう！
「テスト」の結果を「分析」しましょう。この本の、「解答・解説」の冊子には、「間違いが起きやすい丸付けのポイント」がたくさん載っています。ポイントを参考にして分析してもいいですね。
けテぶれに取り組んだノートの見本
●こんなノートになればOK！
●90点（20問中2問まちがい）が取れるようになるまで、毎日「けテぶれ」を回そう。3日～5日で90点にいけたらいい感じ！
●を入れておこう。
解答欄や練習のスペースは用意しているけど、まずはノートで学習してねぇ～。そうすれば、自由にたくさん学習ができるのよぉ～。

けテぶれ

その日学習する場所や、
意気込みを書いてみましょう！
け今日は6①〜⑩をやる。
テ①詩を作る。
②食?を味う。
事
くわ
③両手でささえる。
④太陽がのぼる。
⑤しあいに負ける。
⑥負たんをへらす。
⑦にもつをせ○う。
負
小テスト
食事
味わう
世負う
楽しむ
毎日
向かう
「テスト」の丸付けはきびしくじゃ。「味わう」の「わ」の抜けなど、やりがちなミスもしっかり受け止めるのじゃ。漢字のとめはねはらい、字の形などもちゃんと丸付けするのじゃぞ。

「味わう」「毎」の間違いなどを「分析」していますね。「ていねいに」という今後に向けた目標もいいですね。
⑧対話を楽しむ。
⑨毎日練習する。
⑩山小屋へ向う。
くか
楽くし
毎
ていねいに!
毎毎毎毎
わすれない!
ぶ 事、味わう、せ負う、楽しむ、
毎、向かうをまちがえた。
れ 食事食事食事事事事事事事事
おくりがなシリーズ
味わう 味わう
楽しむ 楽しむ
向かう
「食事」を何度も「練習」していますねぇ～。ノートだといっぱい練習できていいわねぇ～。「おくりがな」の間違いがあったから、「おくりがなシリーズ」を集中的に練習しているのもよいわぁ～。

6 レベルアップするのは「自分自身」
自分で自分のレベルを上げる力（＝学習力）をつけよう

ゲームでレベルアップするのは、ゲームのキャラクターですが、勉強でレベルアップするのは**「自分自身」**ですね。自分は、人生というゲームをプレイするにあたって、**一生使うキャラクター**です。ここがゲームとは違いますね。

この本で扱う「漢字」の領域でも、一度レベルアップさせてしまえば、その能力を一生使えます。漢字能力もレベルアップを重ねれば、読書や作文に活かせるし、漢字学習で使える言葉の数を増やせば、それは**「ものを考える力」**までアップさせるでしょう。

さらにこの本を使って勉強を進めれば、**「自分で勉強する力」**がつきます。つまり、**自分で自分のレベルを上げることができる**、ということです。学ぼうと思えばいくらでも学べる世界で、自分で学べるという能力は**最強**です。

ただし、これには練習が必要です。お手軽ではありません。歩けるようになる、泳げるようになる、自転車に乗れるようになる、何かができるようになるためには、たくさんの練習が必要ですよね。この本では、この練習の仕方も伝えていきます。

サポーターの方へ

FOR SUPPORTERS

この本は、6年生の漢字をマスターするというゴールに向かって、子どもが自分で学習を進められるように構成しています。その過程で、勉強の基礎とコツを紹介していき、自分で勉強をするために大切な知識と技能を養うことを目的にしています。

そこでまず大切なのが子どもたちが**「勉強って楽しい！」**ということを〝思い出す〟ことです。

小さい子どもたちはいつも好奇心でいっぱいで、あらゆることに疑問を持ち、学ぶことと遊ぶことの境目がわからないほどになんにでも学びの眼差しを向けます。しかし、小学校に入る頃からその目の輝きは失われ、小学校を卒業するころには、口を揃えて「勉強が楽しくない」と言うようになってしまいます。これはなぜなのでしょうか。

僕には前のページでも紹介したとおり、「やらされる」のか「自分でやる」のか、という違いがあるように思えてなりません。**人間は「やらされる」ことが大嫌い**なのです。「食べること」が大好きな子も、毎日毎日、先生が言った通りの食べ方で、先生が用意したものを問答無用で食べさせられ、少しでも食べ方を間違えれば注意され、クラスの中で上手に食べられることを比較されれば、食べることが嫌いになっていきますよね。今の学校の仕組みは残念ながら、こういう側面があります。

「けテぶれ」は学校のこういう側面を少しでも変えることができないか、と考え、編み出された実践です。そしてこの手法はいま全国の小・中学校に急速に広がっています。それだけ多くの教育現場で効果を発揮しているということです。この本は子どもがその手法を、漢字の学習を通して体験し、少しずつ身に付けていけるような構成になっています。

しかしそれは、「けテぶれ」という学び方を教えれば、子どもたちに魔法がかかったかのようにみるみる自分で学び始める、といったことでは決してありません。何かができるようになるためには、たくさんの練習が必要です。

歩くこと、しゃべること、自転車に乗ること、泳ぐこと。子どもたちはいつもたくさんの練習の末に、それらができるようになってきました。「学ぶこと」も同じです。この本はその**「学べるようになるための練習」**ができるような問題集なのです。

さらにそこには**「サポーター」の存在がとても大切**です。自転車（という移動の手段）を買い与えたのなら、親はその練習に付き合いますよね。同じように、けテぶれ（という学習の手段）を子どもに手渡すのなら、その練習に少しでもいいので、付き添ってあげてほしいのです。

それはなにも専門的に「学び方」について指導する必要がある、というわけではありません。ただ、子どもたちのやったことに興味を持ち、ときに驚き、ときに喜び、見守ってあげてほしい、ということです。人は「やらされる」ことが嫌い。この原則に照らすと、指導や指示で子どもたちをコントロールしようとすることは、むしろ逆効果になることもあります。

徹底的に驚き喜ぶ役に徹する。そういうことができるように、子どもたちのチャレンジや、学習進度、学習の姿に興味を持つ。「それって、こういう意図でやってる？」「あれ、なんか今日、字が綺麗だね！」「なるほど！　最近こういう工夫をしているから、勉強が楽しそうなんだね！」と。

もちろんうまくリズムに乗れない場合もあるでしょう。「けテぶれ」は、継続がとても難しいです。そういうときは「ご褒美」を活用することも大いにアリです。子どもたちが、「やってみる」ことさえしてくれれば、そこに興味を持ち、言葉をかけることができます。（より詳しく子どもたちをサポートしたいときは、『マンガでわかる　けテぶれ学習法』を読んでくださいね）

僕はよくけテぶれの話をするときに**「子どもたちを学びの海に下ろす」**というたとえ話をします。

いつまでも「みんな同じ内容、同じ方法」という船に乗っていては「自分で泳ぐ力」はいつまで経っても身に付きません。かといって、今まで船に乗っていた子をいきなり海に下ろせば、溺れてしまいます。**だから、最低限の泳ぎ方（けテぶれ）を伝える。**

そんな話です。「あれはだめ、これをやれ」という雁字搦めの環境では、学びのエネルギーは出どころを失って、やがて自分にそんなエネルギーがあったことすら忘れてしまいます。だからこそ、彼らに**「学ぶこと」を任せてあげるのです。**彼らを思うように学ばせてあげてください。さまざまなチャレンジを繰り返し、自分ができていること、できていないことを理解する中でこそ、**彼らは成長させるべき対象である「自分自身」に出会うことができます。**

真の成長はここからしか始まりません。仮面をかぶって、仮面の模様をいくら器用に変えていっても、**「自分自身」と向き合わない限りは真の成長なんてないのです。**そんな彼らのトライアンドエラーの価値を心から認め、ちょっとやりすぎなほどに驚いてください。自分自身と向き合い、チャレンジを繰り返しながら一歩一歩、自分で決めて、**自分で歩くことは、漢字の学習だけでなく、彼らの人生において大きな価値があることですから。**

子どもたちのエネルギーを信じること、学ぶことを任せること、試行錯誤する姿を認めること。**「信じて、任せて、認める」**ことで初めて、子どもたちの内側に眠る学びに向かうエネルギーは光を放ち始めます。そこからです。そこからしか、始まらないのです。そういう環境をぜひ用意してあげてください。

たくさんお願いをしました。なぜなら、**子どもたちが自立した学習者へと成長するには大人のサポートが必要だからです。**けテぶれ本を買えば子どもたちは自ら学ぶようになるなんて、甘いことは一切ありません。「けテぶれ」というコトバを知ることで、自分でできることは増えるでしょう。学ぶことにワクワクできることもあるでしょう。

しかし、その学びが行き詰まった時、サポートしてあげられるのは子どもたちを目の前にしている「あなた」しかいないのです。

自立した学習者になるという目的は、子ども一人で立ち向かうにはあまりにも遠く、あまりにも大きい。**だからこそ徹底的に子どもたちの学ぶ姿を見て、サポートしてあげる必要があるのです。**子どもたちとともに、「自立した学習者」に向かう学びの海での冒険を楽しんでください。この本や『マンガでわかる　けテぶれ学習法』には冒険に役立つ情報をまとめています。

子どもたちと一緒に読み、一緒に歩んでください。

第2章

漢字学習

“KETEBURE” Learning Method

KANJIRENSYU

漢字学習［1］

第１タームの１

今回はこれらの漢字を学習しよう。まずは指でなぞりながら、字の形や書き順を覚えよう。

- 音：イ
- 訓：こと
- おもな熟語：異議・異常・異様・異性・異質
- おもな使い方：異議をとなえる／異常が起きる／異なる意見

- 音：イ
- 訓：—
- おもな熟語：胃液・胃薬・胃腸・胃酸・胃弱
- おもな使い方：胃液が出る／胃薬を飲む／胃腸が弱い

+α 「映える」という読み方もある。

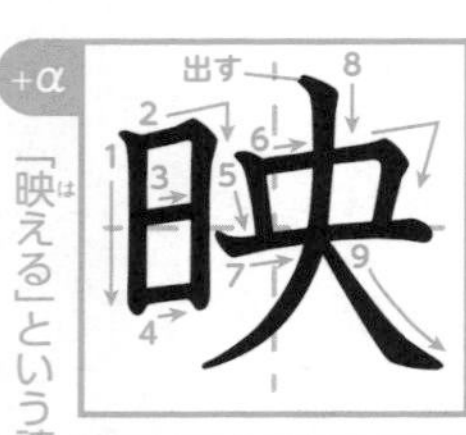

- 音：エイ
- 訓：うつる　うつす
- おもな熟語：映画・映像・上映・反映・映写機
- おもな使い方：映像が乱れる／上映を禁止する／鏡に映る姿

- 音：ウ
- 訓：—
- おもな熟語：宇宙・宇宙食・宇宙船
- おもな使い方：宇宙の果て／宇宙食をつくる／宇宙船に乗る

- 音：イキ
- 訓：—
- おもな熟語：地域・領域・聖域・区域・海域
- おもな使い方：山の多い地域／領域を守る／区域をこえる

+α 「ユイ」という読み方もある。「遺言」など。

- 音：イ
- 訓：—
- おもな熟語：遺産・遺書・遺族・遺体・遺伝
- おもな使い方：遺産を相続する／遺族に会う／性質が遺伝する

+α 「ガ」という音読み、「わ」という訓読みもある。

- 音：—
- 訓：われ
- おもな熟語：我先・我等・我々・自我・無我
- おもな使い方：我に返る／我先にと走り出す／自我が生まれる

- 音：オン
- 訓：—
- おもな熟語：恩義・恩師・恩人・恩情・謝恩
- おもな使い方：恩義がある／命の恩人／恩返しをする

- 音：エン
- 訓：そう
- おもな熟語：沿海・沿革・沿岸・沿線・沿道
- おもな使い方：都市の沿革／沿海の漁業／川に沿う道

- 音：エン
- 訓：のびる　のべる　のばす
- おもな熟語：延期・延長・延命・順延・延焼
- おもな使い方：公開を延期する／延長戦に入る／出発を延ばす

読み　漢字の読みを覚えて、意味を知ろう。

何度も取り組むために、なるべく書き込まずにノートにけテぶれをしよう。

書き込んでしまったときは解答欄を紙で隠して答えが見えないようにしよう。

1回目　2回目　3回目

解答・解説 ▼別冊02ページ

□ ① 胃薬を飲む。
□ ② 異常が起きる。
□ ③ 遺産を相続する。
□ ④ 山の多い地域に住む。
□ ⑤ 宇宙の果てを探る。
□ ⑥ 鏡に映る姿を見る。
□ ⑦ 公開を延期する。
□ ⑧ 川に沿う道を歩く。
□ ⑨ 命の恩人に感謝する。
□ ⑩ 我に返る。
□ ⑪ 胃液が出る。
□ ⑫ 異議をとなえる。
□ ⑬ 性質が遺伝する。
□ ⑭ 自国の領域を守る。
□ ⑮ 宇宙船に乗る。
□ ⑯ 上映を禁止する。
□ ⑰ 出発を延ばす。
□ ⑱ 都市の沿革をまとめる。
□ ⑲ 恩義がある。
□ ⑳ 我先にと走り出す。

①（　）②（　）③（　）④（　）⑤（　）⑥（　）⑦（　）⑧（　）⑨（　）⑩（　）

⑪（　）⑫（　）⑬（　）⑭（　）⑮（　）⑯（　）⑰（　）⑱（　）⑲（　）⑳（　）

「漢字が苦手」という人は、書き順を甘く見ている場合があるぞ！

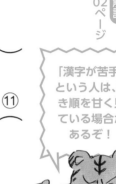

け 今日の意気込み・計画を書こう。

計画の例
いつもより字をていねいに書く。

テ 今の実力を確認しよう。次のひらがなを漢字にしよう。

1回目 2回目 3回目

解答・解説 ▼別冊02ページ

① いぐすりを飲む。
② いじょうが起きる。
③ いさんを相続する。
④ 山の多いちいきに住む。
⑤ うちゅうの果てを探る。
⑥ 鏡にうつる姿を見る。
⑦ 公開をえんきする。
⑧ 川にそう道を歩く。
⑨ 命のおんじんに感謝する。
⑩ われに返る。
⑪ いえきが出る。
⑫ いぎをとなえる。
⑬ 性質がいでんする。
⑭ 自国のりょういきを守る。
⑮ うちゅう船に乗る。
⑯ じょうえいを禁止する。
⑰ 出発をのばす。
⑱ 都市のえんかくをまとめる。
⑲ おんぎがある。
⑳ われさきにと走り出す。

① ② ③ ④ ⑤ ⑥ ⑦ ⑧ ⑨ ⑩

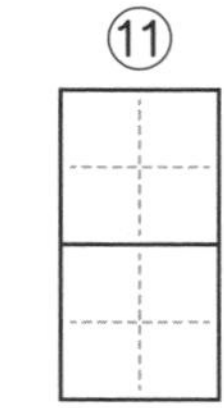
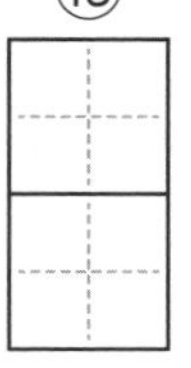
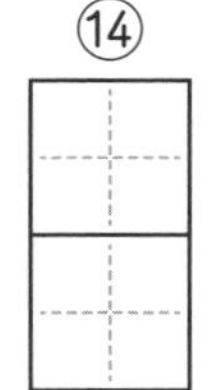
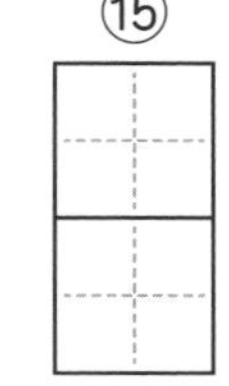
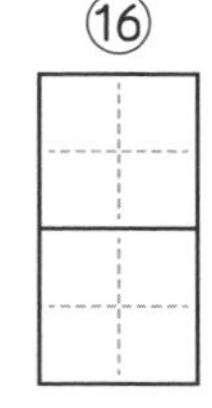

⑪ ⑫ ⑬ ⑭ ⑮ ⑯ ⑰ ⑱ ⑲ ⑳

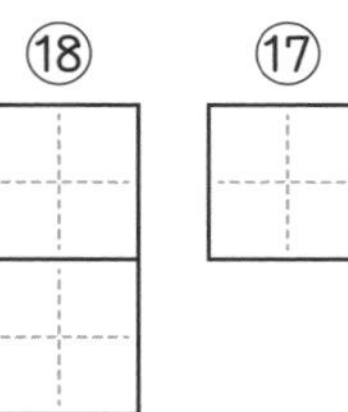
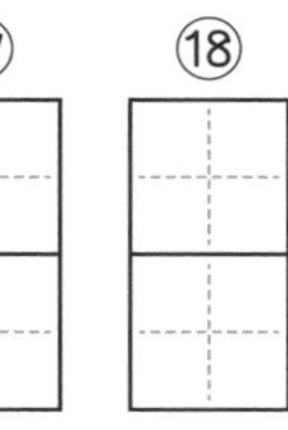
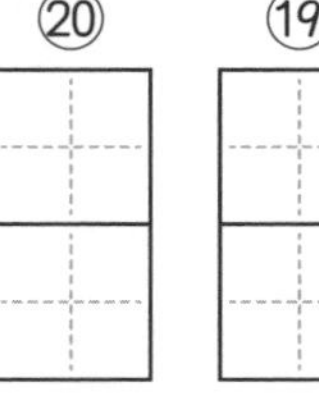

何度も取り組むために、なるべく書き込まずにノートにけテぶれをしよう。
書き込んでしまったときは解答欄を紙で隠して答えが見えないようにすれば、もう一度ノートにけテぶれができるよ。

振り返って学習の分析をしよう！ノートや練習スペースで練習しよう！

実際にけテぶれをやってみて感じた、コツや難しさなどを分析しよう。

ぶ

分析をしてみよう！

分析の例

「遺産」の「遺」と、「遺唐使」の「遺」を勘違いしていた。

れ

練習をしよう！

けテぶれに取り組んだノートの見本

- こんなノートになればOK！ 
- 90点（20問中2問まちがい）が取れるようになるまで、毎日「けテぶれ」を回そう。3日～5日で90点にいけたらいい感じ！
- 覚えにくい問題には印を入れておこう。

漢字学習 [2]

第1タームの2

今回はこれらの漢字を学習しよう。まずは指でなぞりながら、字の形や書き順を覚えよう。

音	訓
カク	―

- おもな熟語：拡散・拡大・拡声・拡張・拡充
- おもな使い方：煙が拡散する／地図を拡大する／道路の拡張

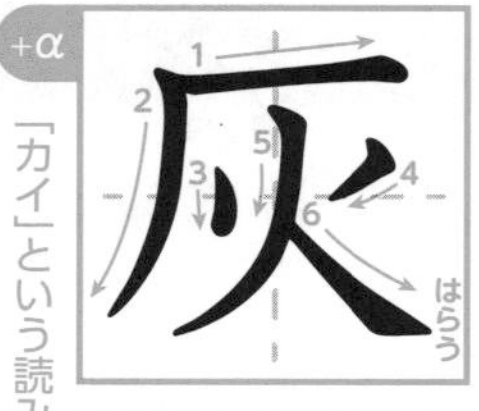

音	訓
―	はい

- おもな熟語：灰色・灰皿・火山灰
- おもな使い方：灰色のキツネ／灰皿を持ち歩く／火山灰が残る

+α「カイ」という読み方もある。「石灰」など。

音	訓
―	かぶ

- おもな熟語：株式・株価・株主・株券・古株
- おもな使い方：株式会社の設立／株価が上がる／古株の社員

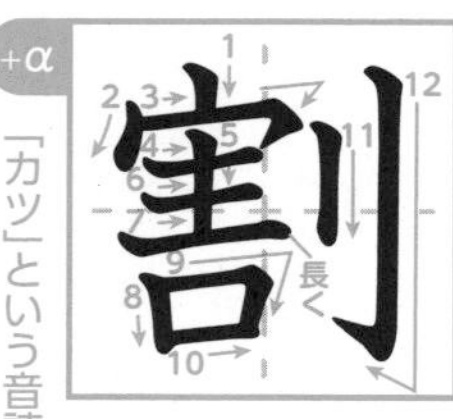

音	訓
―	わる わり われる

- おもな熟語：割合・役割・割引・割高・割安
- おもな使い方：割引価格／スイカを割る／割安の商品

+α「カツ」という音読み、「さく」という訓読みもある。

音	訓
カク	―

- おもな熟語：閣議・内閣・天守閣・入閣・閣下
- おもな使い方：閣議決定／内閣に加わる／天守閣に登る

音	訓
カク	―

- おもな熟語：革新・革命・沿革・改革・変革
- おもな使い方：革新的な考え方／産業革命／制度の改革をする

+α「かわ」という読み方もある。「革靴」など。

音	訓
カン	―

- おもな熟語：簡易・簡潔・簡素・簡単・簡略
- おもな使い方：簡易な方法／簡素な建物／説明を簡略化する

音	訓
カン	―

- おもな熟語：看病・看護・看板・看破・看過
- おもな使い方：けが人を看護する／店の看板／看過できない

音	訓
カン	まく まき

- おもな熟語：巻頭・巻末・巻数・巻貝・巻紙
- おもな使い方：のり巻きを食べる／巻末付録を参照する

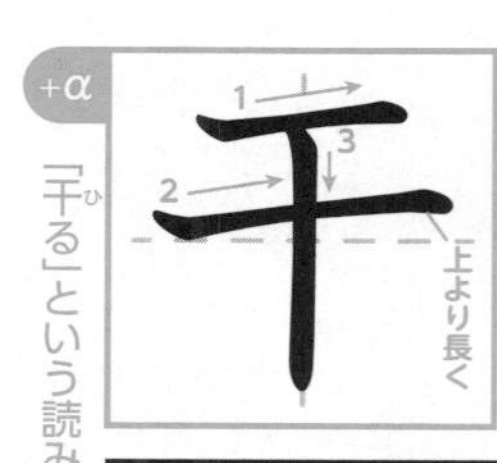

音	訓
カン	ほす

- おもな熟語：干害・干潮・干満・干物
- おもな使い方：干し肉をたくわえる／干潮の時間を調べる

+α「干る」という読み方もある。

読み

漢字の読みを覚えて、意味を知ろう。

何度も取り組むために、なるべく書き込まずにノートにけテぶれをしよう。

書き込んでしまったときは解答欄を紙で隠して答えが見えないようにしよう。

1回目 2回目 3回目

解答・解説 ▼別冊04ページ

- □ ① 灰色のキツネ。
- □ ② 地図を拡大する。
- □ ③ 制度の改革をする。
- □ ④ 内閣に加わる。
- □ ⑤ スイカを割る。
- □ ⑥ 株式会社の設立。
- □ ⑦ 干し肉をたくわえる。
- □ ⑧ 巻末付録を参照する。
- □ ⑨ 店の看板を外に出す。
- □ ⑩ 説明を簡略化する。
- □ ⑪ 灰皿を持ち歩く。
- □ ⑫ 道路の拡張工事。
- □ ⑬ 革新的な考え方。
- □ ⑭ 大臣として入閣する。
- □ ⑮ 割引価格で買う。
- □ ⑯ 古株の社員。
- □ ⑰ 干潮の時間を調べる。
- □ ⑱ 巻貝を観察する。
- □ ⑲ けが人を看護する。
- □ ⑳ 簡易的な方法。

① （　　） ⑪ （　　）
② （　　） ⑫ （　　）
③ （　　） ⑬ （　　）
④ （　　） ⑭ （　　）
⑤ （　　） ⑮ （　　）
⑥ （　　） ⑯ （　　）
⑦ （　　） ⑰ （　　）
⑧ （　　） ⑱ （　　）
⑨ （　　） ⑲ （　　）
⑩ （　　） ⑳ （　　）

読み方を覚えるには、読み方を何度も音読するといいわよ～。

け 今日の意気込み・計画を書こう。

計画の例
とりあえず、やってみてから、練習する。

テ 今の実力を確認しよう。次のひらがなを漢字にしよう。

1回目 2回目 3回目

解答・解説 ▼別冊04ページ

① はいいろのキツネ。
② 地図をかくだいする。
③ 制度のかいかくをする。
④ ないかくに加わる。
⑤ スイカをわる。
⑥ かぶしき会社の設立。
⑦ ほし肉をたくわえる。
⑧ かんまつ付録を参照する。
⑨ 店のかんばんを外に出す。
⑩ 説明をかんりゃく化する。
⑪ はいざらを持ち歩く。
⑫ 道路のかくちょう工事。
⑬ かくしん的な考え方。
⑭ 大臣としてにゅうかくする。
⑮ わりびき価格で買う。
⑯ ふるかぶの社員。
⑰ かんちょうの時間を調べる。
⑱ まきがいを観察する。
⑲ けが人をかんごする。
⑳ かんい的な方法。

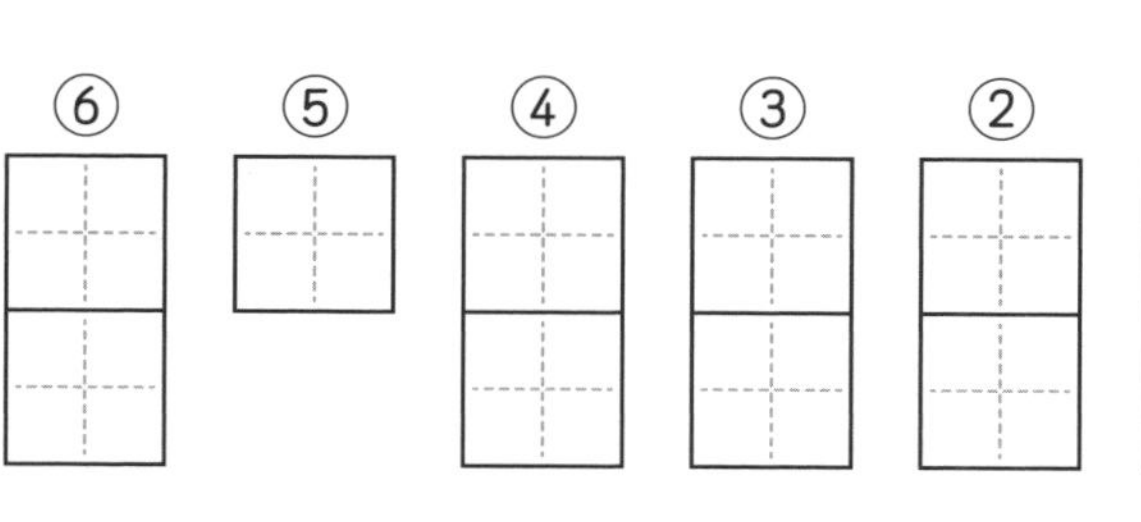

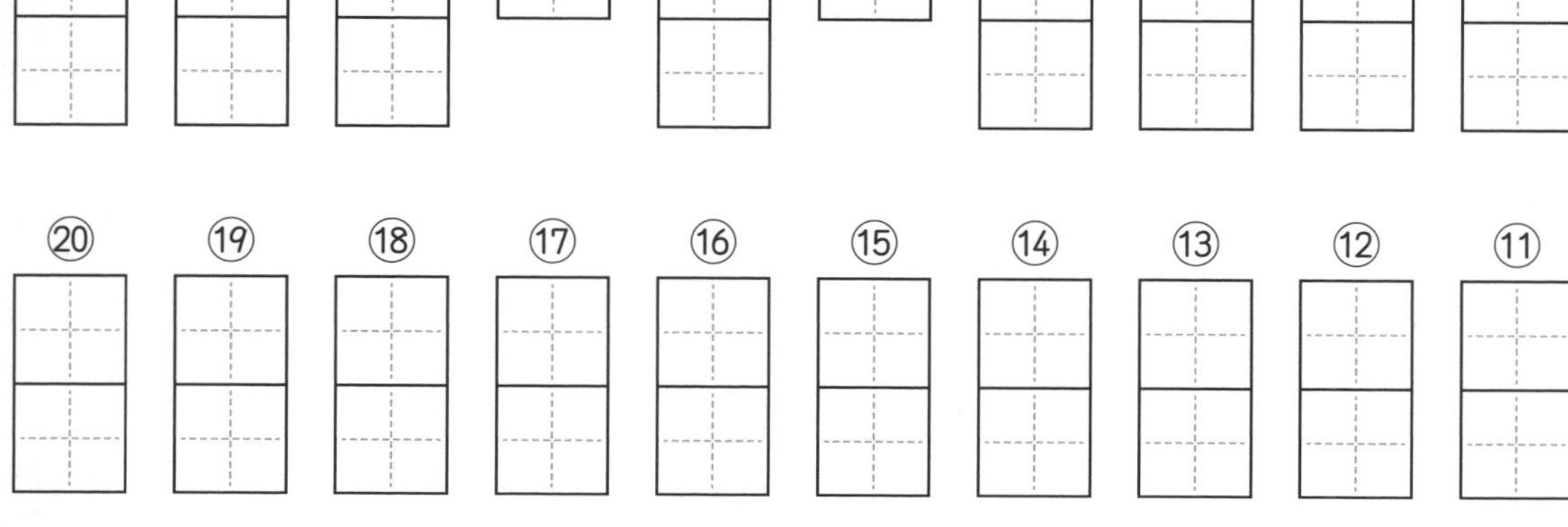

①～⑳ 解答欄

何度も取り組むために、なるべく書き込まずにノートにけテぶれをしよう。

書き込んでしまったときは解答欄を紙で隠して答えが見えないようにすれば、もう一度ノートにけテぶれができるよ。

振り返って学習の分析をしよう！ノートや練習スペースで練習しよう！

実際にけテぶれをやってみて感じた、コツや難しさなどを分析しよう。

ぶ 分析をしてみよう！

分析の例

「闇」は「関」と似ているけど違う。

「看」の横の画の数がわからなかった。

れ 練習をしよう！

計画のポイント

- 「計画」は〝できなくてもまずチャレンジ〟という意識を持とう。
- 最終的に100点が取れたらいいのだから、1周目は20点でもいいんだよ！

(け)今日は初めてだから、ひとまず今覚えられている字と、そうでない字を分けることを目標にする。

(け)とりあえずやってみよう！間違えた問題は分析して練習して覚えよう！

漢字学習「3」

第1タームの3

今回はこれらの漢字を学習しよう。まずは指でなぞりながら、字の形や書き順を覚えよう。

机

音：—
訓：つくえ

おもな熟語：学習机・勉強机・文机

おもな使い方：学習机で本を読む／勉強机に向かう／机に置く

危

+α 「危うい」「危ぶむ」という読み方もある。

音：キ
訓：あぶない

おもな熟語：危害・危機・危険・危難・安危

おもな使い方：危害を加える／危機感をもつ／危ない山道

吸

音：キュウ
訓：すう

おもな熟語：吸引・吸収・呼吸・吸入

おもな使い方：機械で吸引する／知識を吸収する／お吸い物

疑

音：ギ
訓：うたがう

おもな熟語：疑似・疑念・疑問・容疑・疑心

おもな使い方：疑似体験／疑問をいだく／疑いが晴れる

貴

+α 「貴い」「貴い」「貴ぶ」「貴ぶ」という読み方もある。

音：キ
訓：—

おもな熟語：貴金属・貴族・貴重品・高貴

おもな使い方：貴族の文化／貴重品をあつかう／高貴な生まれ

揮

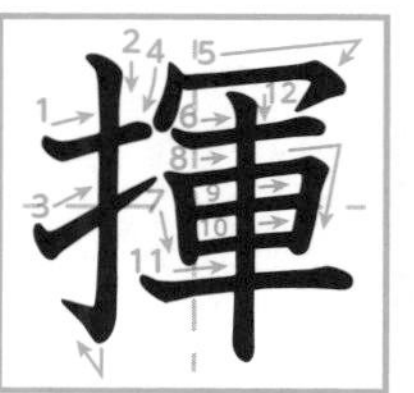

音：キ
訓：—

おもな熟語：指揮・発揮・揮発

おもな使い方：楽団の指揮者／実力を発揮する／揮発性の物質

勤

+α 「ゴン」という読み方もある。「勤行」など。

音：キン
訓：つとめる　つとまる

おもな熟語：勤続・勤勉・勤務・通勤・転勤

おもな使い方：勤続年数が長い／勤勉な学生／図書館に勤める

郷

+α 「ゴウ」という読み方もある。「郷に入っては郷に従え」など。

音：キョウ
訓：—

おもな熟語：郷土・故郷・郷里・帰郷

おもな使い方：郷土料理を味わう／故郷をなつかしむ

胸

+α 「胸元」「胸板」などの読み方もある。

音：キョウ
訓：むね

おもな熟語：胸像・胸中・度胸・胸部

おもな使い方：胸中を察する／度胸をつける／胸を張って歩く

供

+α 「ク」という読み方もある。「供養」など。

音：キョウ
訓：そなえる　とも

おもな熟語：供給・提供・自供・子供

おもな使い方：情報を提供する／神棚に供える／子供の世話

読み　**漢字の読みを覚えて、意味を知ろう。**

何度も取り組むために、なるべく書き込まずにノートにけテぶれをしよう。

書き込んでしまったときは解答欄を紙で隠して答えが見えないようにしよう。

1回目　2回目　3回目

解答・解説 ▼別冊06ページ

□①危ない山道。

□②机に置く。

□③実力を発揮する。

□④貴族の文化。

□⑤疑問をいだく。

□⑥機械で吸引する。

□⑦情報を提供する。

□⑧胸を張って歩く。

□⑨郷土料理を味わう。

□⑩図書館に勤める。

□⑪危機感をもつ。

□⑫勉強机に向かう。

□⑬楽団の指揮者。

□⑭高貴な生まれ。

□⑮疑いが晴れる。

□⑯お吸い物を飲む。

□⑰子供の世話。

□⑱度胸をつける。

□⑲なつかしい故郷。

□⑳勤続年数が長い。

①（　　）②（　　）③（　　）④（　　）⑤（　　）⑥（　　）⑦（　　）⑧（　　）⑨（　　）⑩（　　）

⑪（　　）⑫（　　）⑬（　　）⑭（　　）⑮（　　）⑯（　　）⑰（　　）⑱（　　）⑲（　　）⑳（　　）

意味がわからない言葉は必ず調べよう。漢字の形を覚えても意味がわからなければ、使えないぞ！

け 今日の意気込み・計画を書こう。

テ 今の実力を確認しよう。次のひらがなを漢字にしよう。

解答・解説 ▼別冊06ページ

① あぶない山道。
② つくえに置く。
③ 実力をはっきする。
④ きぞくの文化。
⑤ ぎもんをいだく。
⑥ 機械できゅういんする。
⑦ 情報をていきょうする。
⑧ むねを張って歩く。
⑨ きょうど料理を味わう。
⑩ 図書館につとめる。
⑪ きき感をもつ。
⑫ べんきょうづくえに向かう。
⑬ 楽団のしき者。
⑭ こうきな生まれ。
⑮ うたがいが晴れる。
⑯ おすい物を飲む。
⑰ こどもの世話。
⑱ どきょうをつける。
⑲ なつかしいこきょう。
⑳ きんぞく年数が長い。

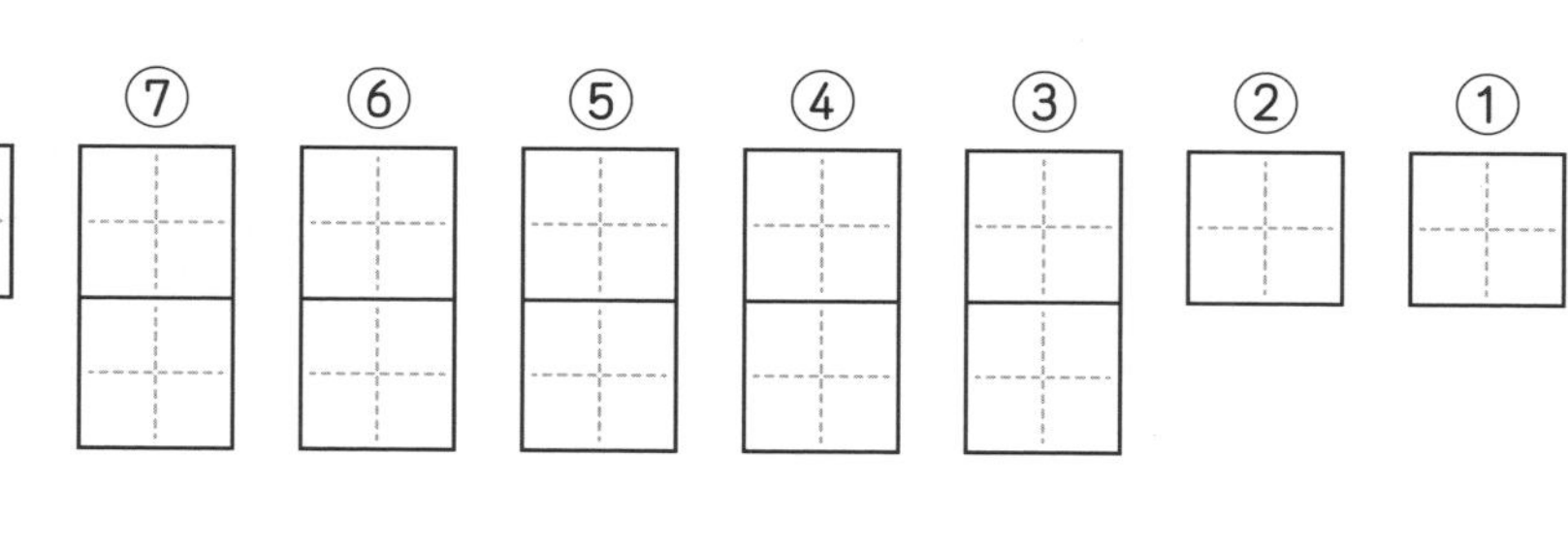
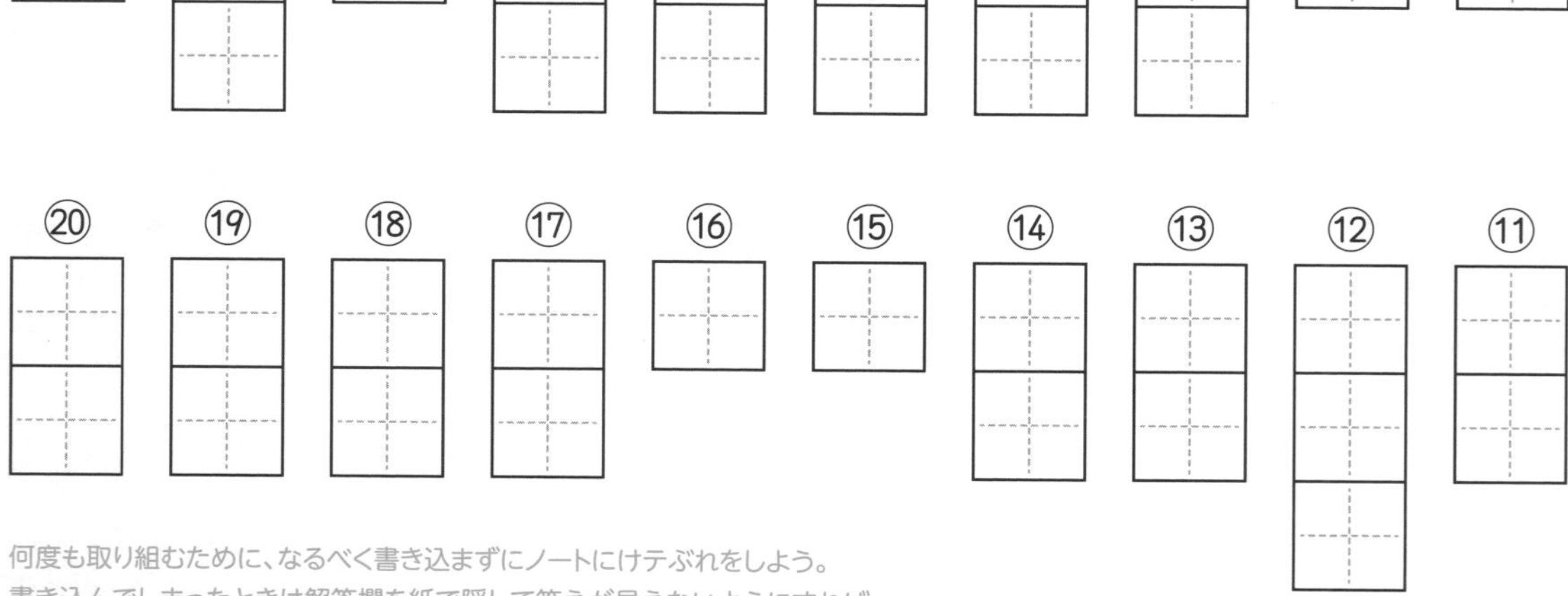

何度も取り組むために、なるべく書き込まずにノートにけテぶれをしよう。
書き込んでしまったときは解答欄を紙で隠して答えが見えないようにすれば、もう一度ノートにけテぶれができるよ。

振り返って学習の分析をしよう！ノートや練習スペースで練習しよう！

実際にけテぶれをやってみて感じた、コツや難しさなどを分析しよう。

ぶ

分析をしてみよう！

分析の例

「揮」の「車」の上の「冖」を忘れた。

「吸」の右側は「乃」ではなかった。

れ

練習をしよう！

テストのポイント

- 「テスト」は丸付けをしっかりと!! けテぶれ入門期は「正しく丸付けする力」を身に付けよう。
- 答えをよく見比べて、形やとめはねはらいなどまでしっかりチェックしよう。

細かいところまでちゃんと見て丸付けをしているところ。

衆、捕、専

衆←衆、補←捕、専←専

漢字学習［4］

第１タームの４

今回はこれらの漢字を学習しよう。まずは指でなぞりながら、字の形や書き順を覚えよう。

系
音：ケイ
訓：ー
おもな熟語：系列・系統・家系・体系・銀河系
おもな使い方：同じ系統の言葉／戦国武将の家系図を見る

筋
音：キン
訓：すじ
おもな熟語：筋肉・鉄筋・腹筋・背筋・筋道
おもな使い方：筋肉がつく／腹筋をきたえる／筋道が通る

激
音：ゲキ
訓：はげしい
おもな熟語：激情・激動・激流・感激・激増
おもな使い方：名画に感激する／感染者の激増／風が激しい

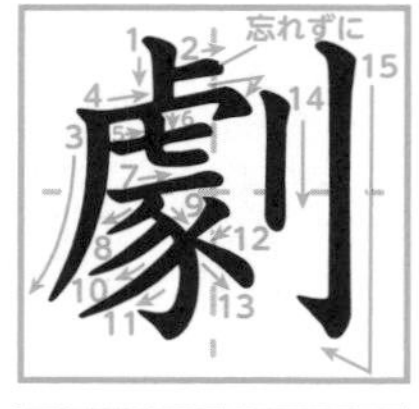

劇
音：ゲキ
訓：ー
おもな熟語：劇場・劇団・演劇・観劇・悲劇
おもな使い方：演劇会をひらく／観劇を楽しむ／悲劇的な結末

警
音：ケイ
訓：ー
おもな熟語：警察・警官・警告・警報・警備
おもな使い方：警告を発する／火災警報が鳴る／警備に当たる

敬
音：ケイ
訓：うやまう
おもな熟語：尊敬・敬意・敬語・敬老・敬愛
おもな使い方：先生に敬語で話す／敬老の日／年長者を敬う

+α

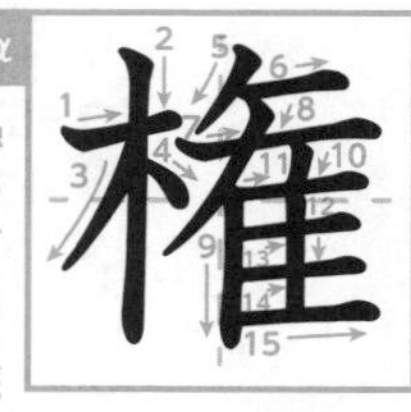

権
音：ケン
訓：ー
おもな熟語：権限・権利・権力・政権・人権
おもな使い方：権利を得る／政権の公約／人権を守る

「ゴン」という読み方もある。「権化」など。

+α

絹
音：ー
訓：きぬ
おもな熟語：絹糸・絹織物
おもな使い方：絹糸をつむぐ／絹織物で着物をつくる

「ケン」という読み方もある。「絹糸」など。

券
音：ケン
訓：ー
おもな熟語：食券・入場券・発券・券売機
おもな使い方：入場券を買う／事前に発券する／券売機で買う

+α

穴
音：ー
訓：あな
おもな熟語：穴蔵・大穴・岩穴・毛穴・横穴
おもな使い方：穴蔵にしまう／岩穴を見つける／毛穴が開く

「ケツ」という読み方もある。「洞穴」など。

読み

漢字の読みを覚えて、意味を知ろう。

何度も取り組むために、なるべく書き込まずにノートにけテぶれをしよう。

□①筋道が通る。
□②同じ系統の言葉。
□③先生に敬語で話す。
□④警告を発する。
□⑤演劇会をひらく。
□⑥風が激しい。
□⑦岩穴を見つける。
□⑧事前に発券する。
□⑨絹を使った服。
□⑩人権を守る。

書き込んでしまったときは解答欄を紙で隠して答えが見えないようにしよう。

□⑪腹筋をきたえる。
□⑫戦国武将の家系図を見る。
□⑬年長者を敬う。
□⑭火災警報が鳴る。
□⑮観劇を楽しむ。
□⑯名画に感激する。
□⑰穴蔵にしまう。
□⑱入場券を買う。
□⑲絹織物で着物を作る。
□⑳権利を得る。

解答・解説 ▼別冊08ページ

①（　　） ⑪（　　）
②（　　） ⑫（　　）
③（　　） ⑬（　　）
④（　　） ⑭（　　）
⑤（　　） ⑮（　　）
⑥（　　） ⑯（　　）
⑦（　　） ⑰（　　）
⑧（　　） ⑱（　　）
⑨（　　） ⑲（　　）
⑩（　　） ⑳（　　）

余裕がある人は、右ページの「おもな熟語」「おもな使い方」まで覚えましょう。

け 今日の意気込み・計画を書こう。

計画の例
今日は⑥まで完全にできるようにする！

テ 今の実力を確認しよう。次のひらがなを漢字にしよう。

1回目 2回目 3回目

▼解答・解説 別冊08ページ

①すじみちが通る。
②同じけいとうの言葉。
③先生にけいごで話す。
④けいこくを発する。
⑤えんげき会をひらく。
⑥風がはげしい。
⑦いわあなを見つける。
⑧事前にはっけんする。
⑨きぬを使った服。
⑩じんけんを守る。
⑪ふっきんをきたえる。
⑫戦国武将のかけい図を見る。
⑬年長者をうやまう。
⑭火災けいほうが鳴る。
⑮かんげきを楽しむ。
⑯名画にかんげきする。
⑰あなぐらにしまう。
⑱にゅうじょうけんを買う。
⑲きぬおりもので着物を作る。
⑳けんりを得る。

① ② ③ ④ ⑤ ⑥ ⑦ ⑧ ⑨ ⑩

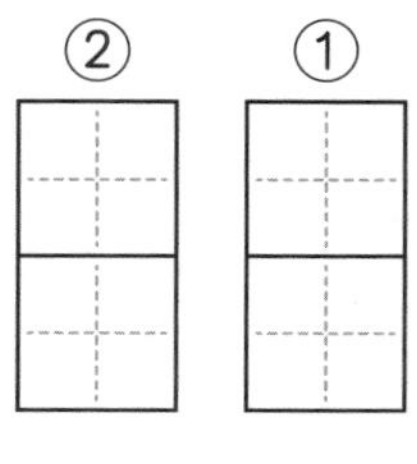
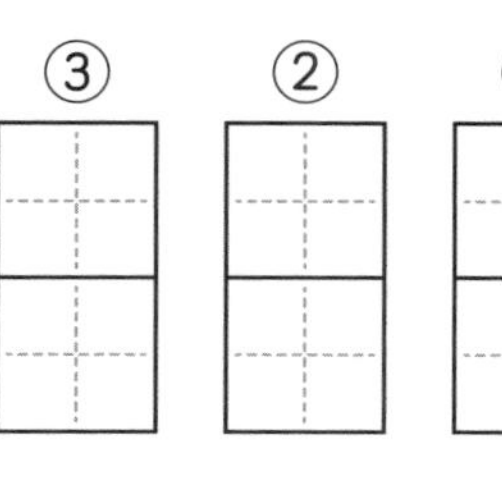
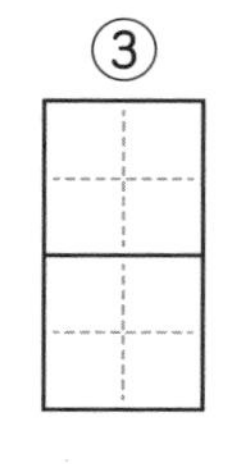

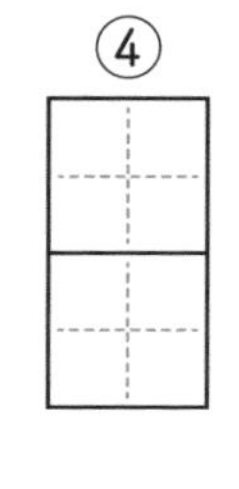
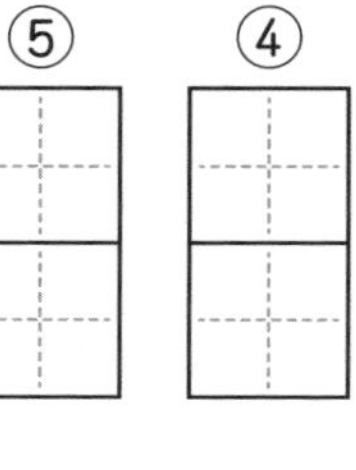
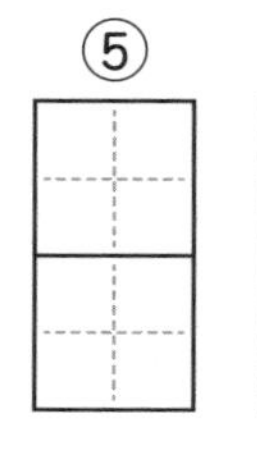
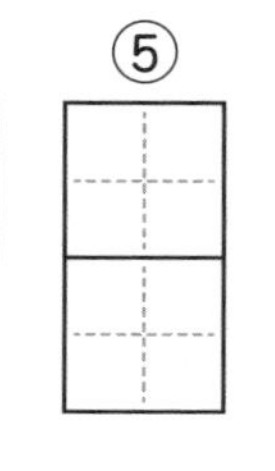
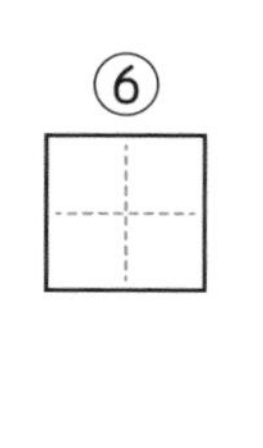
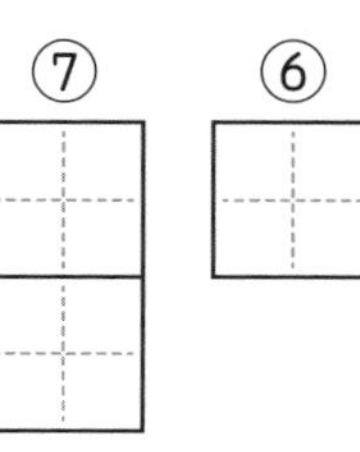
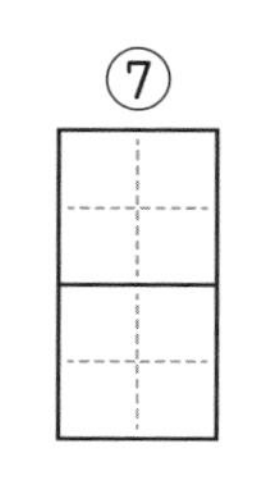
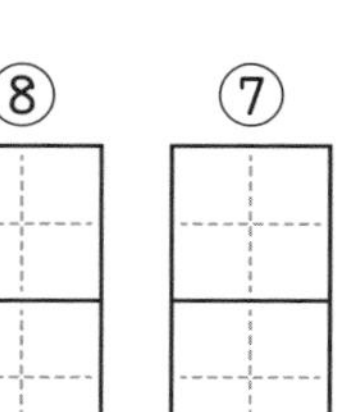
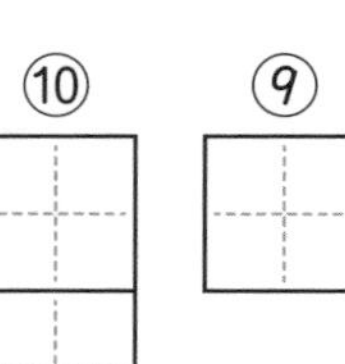
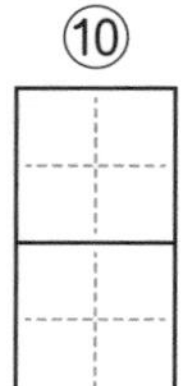

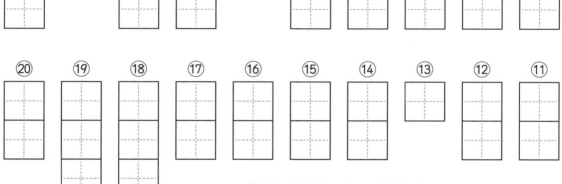

⑪ ⑫ ⑬ ⑭ ⑮ ⑯ ⑰ ⑱ ⑲ ⑳

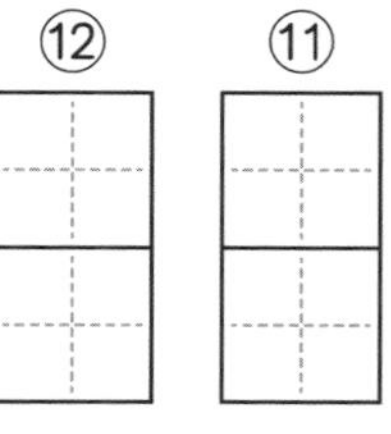
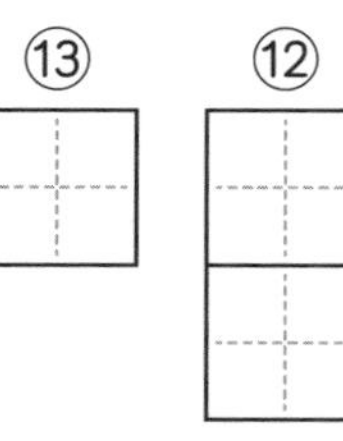
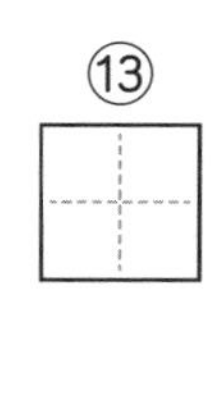
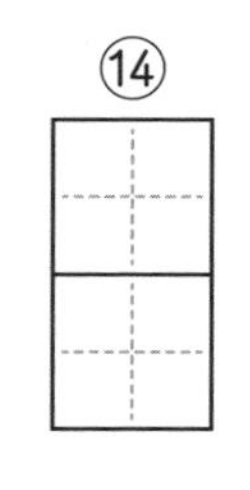
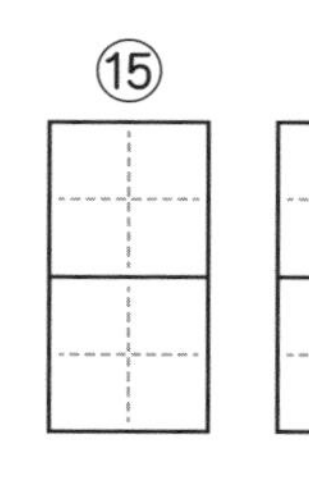
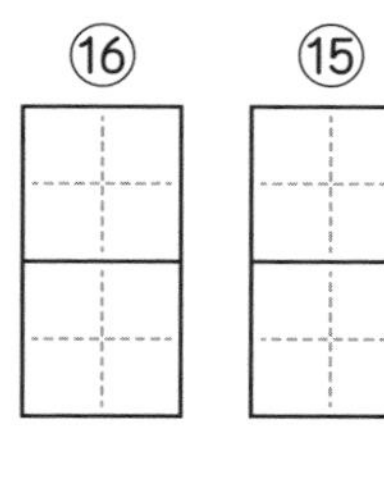
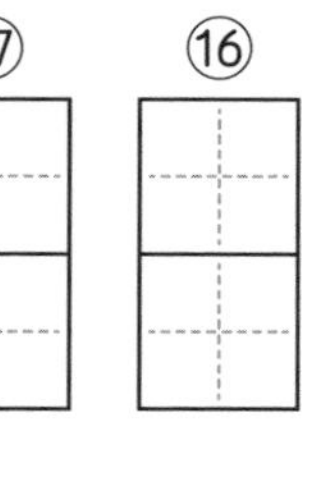
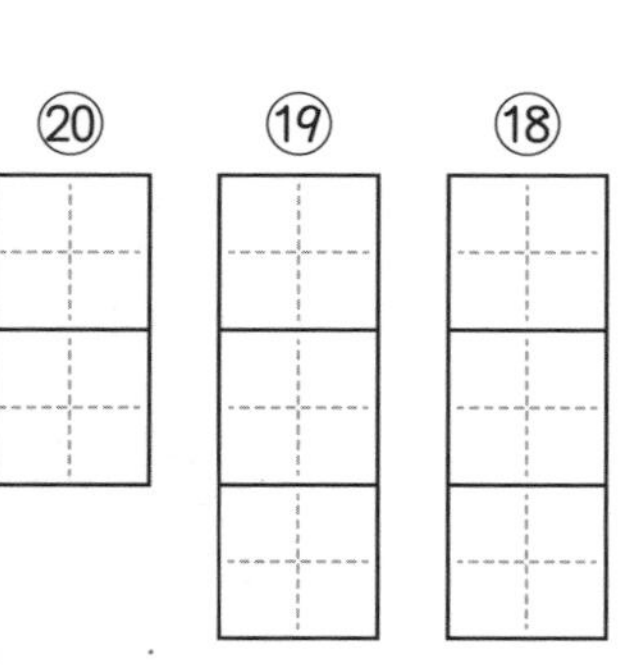
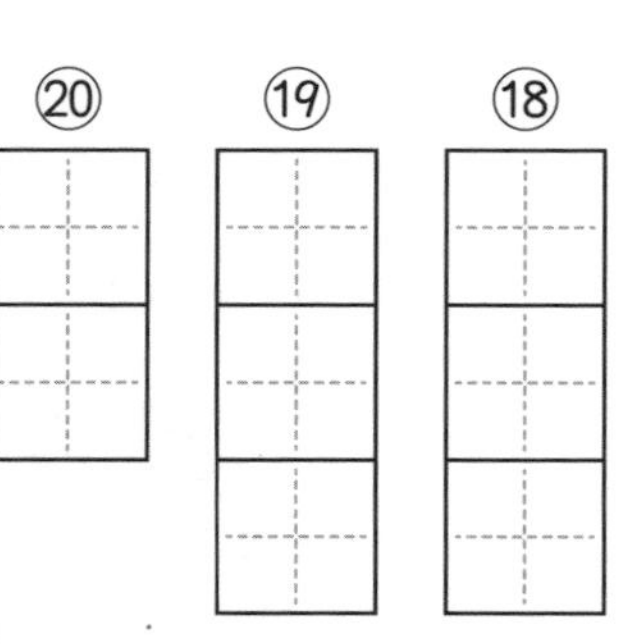

何度も取り組むために、なるべく書き込まずにノートにけテぶれをしよう。
書き込んでしまったときは解答欄を紙で隠して答えが見えないようにすれば、もう一度ノートにけテぶれができるよ。

振り返って学習の分析をしよう！ノートや練習スペースで練習しよう！

実際にけテぶれをやってみて感じた、コツや難しさなどを分析しよう。

ぶ 分析をしてみよう！

分析の例

「劇」が難しい。何度も練習する必要がありそう。

「券」の下は「力」ではなく「刀」だった。

れ 練習をしよう！

分析

- 「分析」は思ったことを＋－↓の3つの記号で書いてみよう。
  - ＋：よかったこと・うまくいったこと
  - －：よくなかったこと・うまくいかなかったこと
  - ↓：次はどうするといいか
- 苦手な字は、問題に印を入れよう。

（＋）昨日は10問も間違えたのに、今日は4問間違いまで減った！なかなか覚えられなかった「観劇」という字が覚えられた！

（－）「絹」という字がどうしても覚えられない！また丸付けでミスをしてしまった。

（↓）書けるようになった漢字は、もっときれいに書けるようにする！「絹」を何度も練習する！

漢字学習「5」

第1ターム の5

今回はこれらの漢字を学習しよう。まずは指でなぞりながら、字の形や書き順を覚えよう。

- 音：ゲン
- 訓：みなもと
- おもな熟語：起源・資源・財源・電源・源流
- おもな使い方：資源が豊富にある／電源を切る／想像力の源

- 音：ケン
- 訓：ー
- おもな熟語：憲法・憲章・憲政・改憲・立憲
- おもな使い方：憲法を定める／児童憲章／改憲の案が出る

- 音：ゴ
- 訓：あやまる
- おもな熟語：誤解・誤差・誤作動・誤算・正誤
- おもな使い方：誤解を招く／誤差が生じる／住所を書き誤る

- 音：コ
- 訓：よぶ
- おもな熟語：呼応・呼吸・点呼・呼気
- おもな使い方：呼吸を合わせる／点呼をとる／名前を呼ぶ

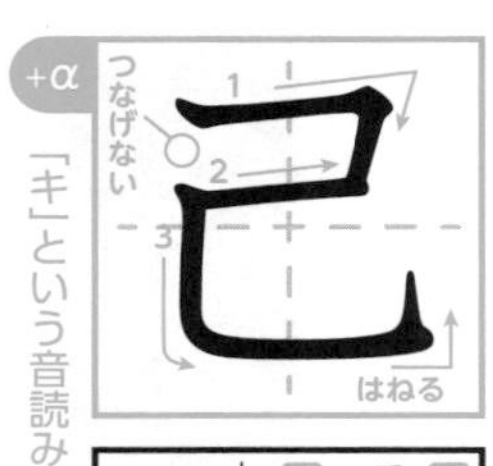

+α 「キ」という音読み、「おのれ」という訓読みもある。

- 音：コ
- 訓：ー
- おもな熟語：自己・利己
- おもな使い方：自己流で技を磨く／利己的な行動をつつしむ

厳

点の向きに注意

+α 「ゴン」という音読み、「おごそか」という訓読みもある。

- 音：ゲン
- 訓：きびしい
- おもな熟語：厳格・厳守・厳重・厳選・厳密
- おもな使い方：厳格に取りしまる／時間厳守／残暑が厳しい

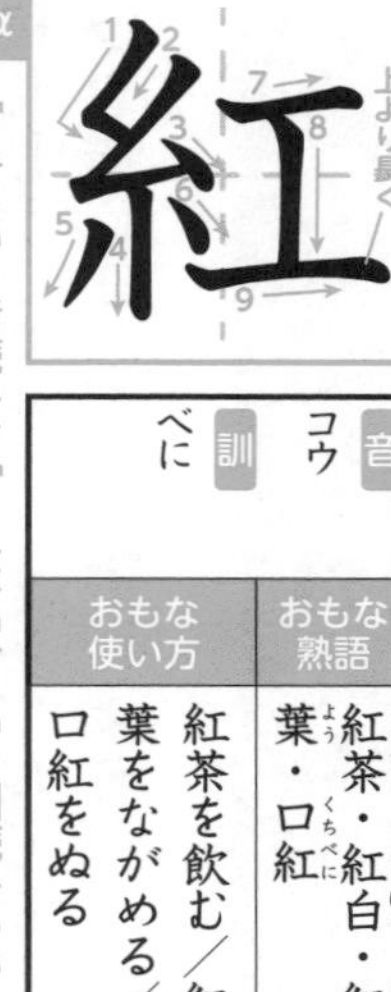

+α 「ク」という音読み、「くれない」という訓読みもある。

- 音：コウ
- 訓：べに
- おもな熟語：紅茶・紅白・紅葉・口紅
- おもな使い方：紅茶を飲む／紅葉をながめる／口紅をぬる

+α 「天皇」という読み方もある。

- 音：コウ　オウ
- 訓：ー
- おもな熟語：皇居・皇室・皇族・皇太子・皇子
- おもな使い方：皇居の外周／皇室の活動／皇子の誕生

孝

出す

- 音：コウ
- 訓：ー
- おもな熟語：孝行・不孝・孝心・孝養
- おもな使い方：親孝行な子供／親不孝をわびる／孝養をつくす

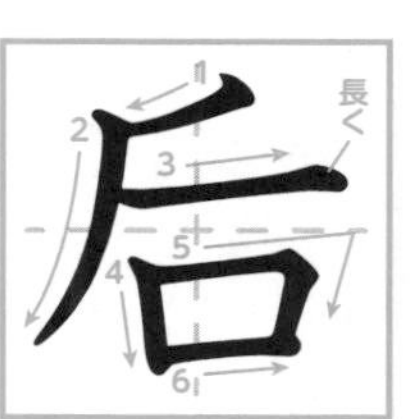

- 音：コウ
- 訓：ー
- おもな熟語：皇后・皇太后・后妃
- おもな使い方：皇后陛下の役割／皇太后のふるまい

読み　漢字の読みを覚えて、意味を知ろう。

何度も取り組むために、なるべく書き込まずにノートにけテぶれをしよう。

書き込んでしまったときは解答欄を紙で隠して答えが見えないようにしよう。

解答・解説 ▼別冊10ページ

□ ① 憲法を定める。

□ ② 電源を切る。

□ ③ 残暑が厳しい。

□ ④ 自己流で技を磨く。

□ ⑤ 名前を呼ぶ。

□ ⑥ 誤差が生じる。

□ ⑦ 美しい皇后さま。

□ ⑧ 親孝行をする。

□ ⑨ 皇居の外周。

□ ⑩ 紅葉をながめる。

□ ⑪ 改憲の案が出る。

□ ⑫ 想像力の源。

□ ⑬ 厳格に取りしまる。

□ ⑭ 利己的な行動をつつしむ。

□ ⑮ 点呼をとる。

□ ⑯ 住所を書き誤る。

□ ⑰ 皇太后のふるまい。

□ ⑱ 親不孝をわびる。

□ ⑲ 皇子の誕生。

□ ⑳ 口紅をぬる。

① (　　)
② (　　)
③ (　　)
④ (　　)
⑤ (　　)
⑥ (　　)
⑦ (　　)
⑧ (　　)
⑨ (　　)
⑩ (　　)
⑪ (　　)
⑫ (　　)
⑬ (　　)
⑭ (　　)
⑮ (　　)
⑯ (　　)
⑰ (　　)
⑱ (　　)
⑲ (　　)
⑳ (　　)

漢字の勉強に慣れてきたかしら？　今回もがんばりましょう！

け 今日の意気込み・計画を書こう。

計画の例
今日は時間があるから、⑳までテストと練習をする！

テ 今の実力を確認しよう。
次のひらがなを漢字にしよう。

1回目　2回目　3回目

▼別冊10ページ 解答・解説

① けんぽうを定める。
② でんげんを切る。
③ 残暑がきびしい。
④ じこ流で技を磨く。
⑤ 名前をよぶ。
⑥ ごさが生じる。
⑦ うつくしいこうごうさま。
⑧ 親こうこうをする。
⑨ こうきょの外周。
⑩ こうようをながめる。
⑪ かいけんの案が出る。
⑫ 想像力のみなもと。
⑬ げんかくに取りしまる。
⑭ りこ的な行動をつつしむ。
⑮ てんこをとる。
⑯ 住所を書きあやまる。
⑰ こうたいごうのふるまい。
⑱ おやふこうをわびる。
⑲ おうじの誕生。
⑳ くちべにをぬる。

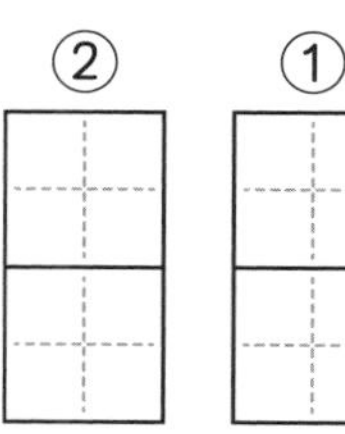
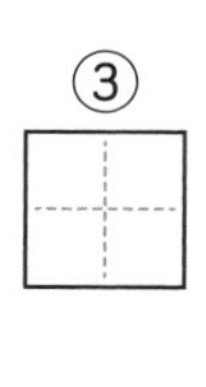
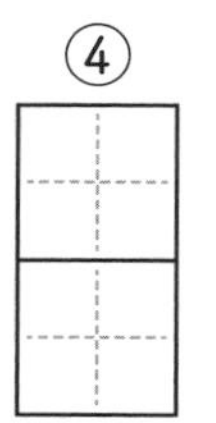
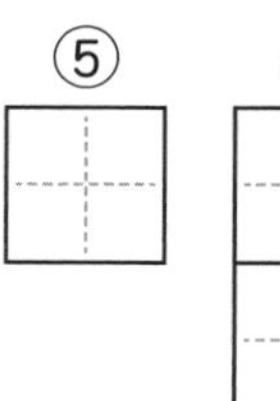
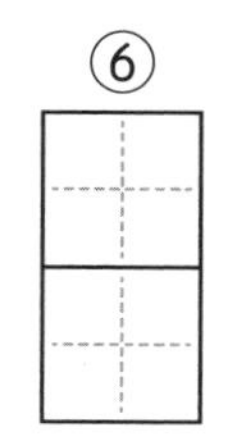
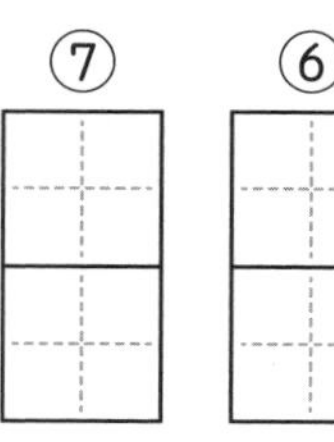
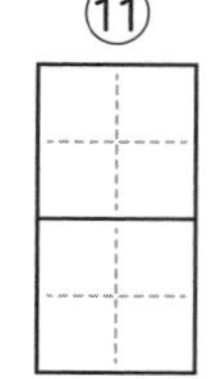
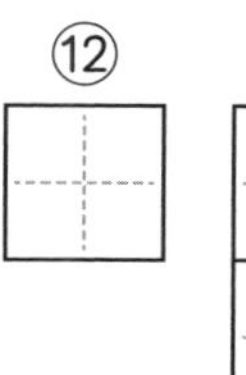
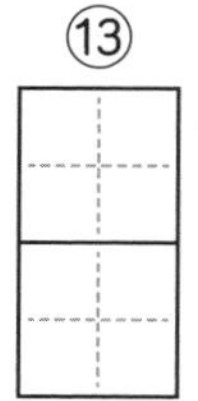
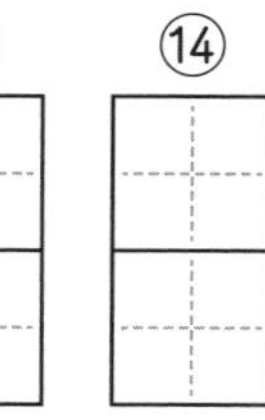
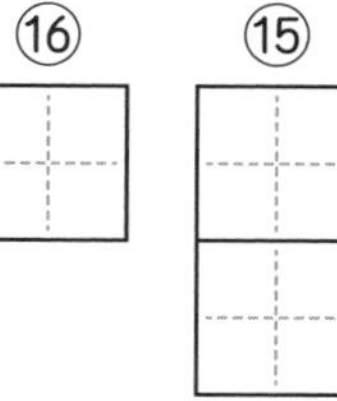
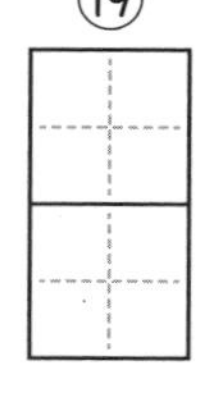

何度も取り組むために、なるべく書き込まずにノートにけテぶれをしよう。
書き込んでしまったときは解答欄を紙で隠して答えが見えないようにすれば、もう一度ノートにけテぶれができるよ。

振り返って学習の分析をしよう！ ノートや練習スペースで練習しよう！

実際にけテぶれをやってみて感じた、コツや難しさなどを分析しよう。

ぶ
分析をしてみよう！

分析の例
「厳」の下は「耳」とは微妙に違う。
「孝」のはらいを忘れた。「考」と勘違いしそう。

れ
練習をしよう！

練習

- 「練習」はまずは量を増やそう！ 何度も書く！ それから！ ノートの見開き1ページは使おう。
- ここまで5回分・50字の漢字（第1タームの1～5）で、自分が苦手な字だけを抜き出して、「けテぶれ」を回そう。
- 準備ができたらいざ大テスト！

危険	危険	危険	危険	危険	危険
内閣	内閣	内閣	内閣	内閣	内閣
穀物	穀物	穀物	穀物	穀物	穀物
包装	包装	包装	包装	包装	包装
操作	操作	操作	操作	操作	操作

のテスト

1 漢字の読み方を書こう。

何度も取り組むために、なるべく書き込まずにノートで練習しよう。

解答▼別冊42ページ

①実力を発揮する。
②絹織物で着物を作る。
③異議をとなえる。
④自国の領域を守る。
⑤厳格に取りしまる。
⑥穴蔵にしまう。
⑦名画に感激する。
⑧スイカを割る。
⑨出発を延ばす。
⑩我先にと走り出す。
⑪情報を提供する。
⑫疑いが晴れる。
⑬けが人を看護する。
⑭宇宙の果てを探る。
⑮性質が遺伝する。
⑯干潮の時間を調べる。
⑰革新的な考え方。
⑱改憲の案が出る。
⑲警告を発する。
⑳度胸をつける。
㉑自己流で技(わざ)を磨(みが)く。
㉒郷土料理を味わう。
㉓皇太后のふるまい。
㉔道路の拡張工事。
㉕上映を禁止する。
㉖古株の社員。
㉗点呼をとる。
㉘戦国武将(せんごくぶしょう)の家系図。
㉙勤続年数が長い。
㉚大臣として入閣する。
㉛都市の沿革。
㉜危機感をもつ。
㉝胃液が出る。
㉞お吸い物を飲む。
㉟住所を書き誤る。
㊱観劇を楽しむ。
㊲皇子の誕生(たんじょう)。
㊳高貴な生まれ。
㊴筋道が通る。
㊵事前に発券する。
㊶恩義がある。
㊷説明を簡略化する。
㊸灰皿を持ち歩く。
㊹親不孝をわびる。
㊺勉強机に向かう。
㊻人権を守る。
㊼口紅をぬる。
㊽年長者を敬う。
㊾想像力の源。
㊿巻末付録を参照する。

第1ターム

2 漢字にして書こう。

何度も取り組むために、なるべく書き込まずにノートで練習しよう。

1回目 2回目 3回目

解答▼別冊42ページ

①地図をかくだいする。
②命のおんじん。
③名前をよぶ。
④きぞくの文化。
⑤火災けいほうが鳴る。
⑥いぐすりを飲む。
⑦機械できゅういんする。
⑧美しいこうごうさま。
⑨制度のかいかく。
⑩なつかしいこきょう。
⑪えんげき会をひらく。
⑫鏡にうつる姿(すがた)を見る。
⑬残暑がきびしい。
⑭楽団のしき者。
⑮ふっきんをきたえる。
⑯きぬを使った服。
⑰われに返る。
⑱でんげんを切る。
⑲ないかくに加わる。
⑳いさんを相続する。
㉑むねを張って歩く。
㉒つくえに置く。
㉓りこてきな行動。
㉔川にそう道を歩く。
㉕風がはげしい。
㉖かんい的な方法。
㉗ごさが生じる。
㉘いじょうが起きる。
㉙ぎもんをいだく。
㉚わりびき価格で買う。
㉛図書館につとめる。
㉜こうようをながめる。
㉝まきがいを観察する。
㉞にゅうじょうけん。
㉟うちゅう船に乗る。
㊱こうきょの外周。
㊲店のかんばん。
㊳いわあなを見つける。
㊴かぶしき会社の設立。
㊵親こうこうをする。
㊶こどもの世話。
㊷山の多いちいき。
㊸あぶない山道。
㊹けんりを得る。
㊺ほし肉をたくわえる。
㊻先生にけいごで話す。
㊼公開をえんきする。
㊽けんぽうを定める。
㊾はいいろのキツネ。
㊿同じけいとうの言葉。

振り返って、学習の大分析をしよう。次の学習の計画を立てよう。

ここでは第１ターム・50問（文字）の振り返りをしましょう。テストをふまえて、学習を分析して、次の計画を立ててね。やり方に迷ったら、おうちの人や友達と相談しながらやってみてね。

＋：うまくいったこと・成長したこと	−：うまくいかなかったこと・失敗したこと	→：次はどうするか

実際にけテぶれをやってみて感じた、コツや難しさなどを分析しよう。

大分析→大計画

「けテぶれ」は「自分で学習する力をつけるための練習」です。自分で取った点数は、どうだったでしょうか？　自分の学習を、自分で積み上げる感覚が重要です。

まずは体験をしましょう。そこから学びを生んでいきます。たとえば、＋、−、→、！、？の5種類の記号を使って、経験を振り返ってみてください（ノート例を参照）。そして、学習では量も重要です。次のタームでは量の向上を目指して進めましょう。

大分析をふまえて、次の学習のための大計画を書こう。

はじめの20問をいつまでに覚える？

〈　年　月　日〉

そのために、毎日、いつ勉強する？

日（　）	日（　）	日（　）	日（　）	ゴール
計画の例　学校から帰ってすぐ。				

5つの学習セットとまとめの50問テストという流れで、ここまで学習（けテぶれ）を進めてきました。一度やってみて、なんとなく流れがわかりましたか？　次も同じ流れで学習していきます。「大計画」では、「この流れをどういうペースで進めるか」という計画を立てます。まずは1週間で1つの学習ゾーンをマスターできるような計画を考えてみましょう。コツは、「あまり綿密な計画を立てない」ことです。ざっくりと学習に見通しが立てばOK。実際にけテぶれを回し始めると、思ったよりも早く進んだり、逆に思ったよりも苦戦したりして、計画通りにいかないことばかりです。あらかじめ大計画で見通しを立てていれば、状況に合わせて学習のペースを調整することができます。計画通りにいっていないからといって落ち込むことはありません。一度立てた計画はどんどん更新していくつもりで勉強を進めましょう。

漢字学習「6」

第２タームの１

今回はこれらの漢字を学習しよう。まずは指でなぞりながら、字の形や書き順を覚えよう。

+α 「鋼」という読み方もある。

音	訓
コウ	―

おもな熟語	おもな使い方
鋼材・鋼製・鋼鉄・鉄鋼	鋼材を使う／鉄鋼業が盛んな地域／鋼鉄の意志

音	訓
コウ	おりる おろす ふる

おもな熟語	おもな使い方
降参・降車・降水量・以降	次の駅で降りる／敵に降参する／雨が降る

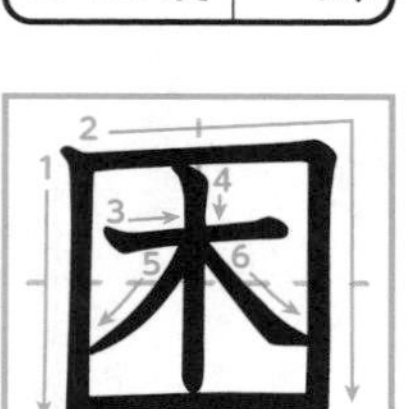

音	訓
コン	こまる

おもな熟語	おもな使い方
困難・貧困・困窮・困苦	困難を乗り越える／返事に困る／貧困に苦しむ

音	訓
コツ	ほね

おもな熟語	おもな使い方
骨格・骨折・背骨・鉄骨・白骨	転んで骨折する／建物の骨組み／背骨をのばす

音	訓
コク	―

おもな熟語	おもな使い方
穀倉・穀物・穀類・雑穀・五穀米	穀倉地帯／穀物を育てる／雑穀を米に混ぜる

音	訓
コク	きざむ

おもな熟語	おもな使い方
刻印・時刻・深刻・刻一刻	開演の時刻／深刻な表情／心に深く刻む

+α 「裁つ」という読み方もある。

音	訓
サイ	さばく

おもな熟語	おもな使い方
裁判・裁決・裁断・制裁・仲裁	裁決を聞く／制裁を加える／罪を法で裁く

音	訓
サイ	すむ すます

おもな熟語	おもな使い方
救済・決済・返済・経済	経済が発展する／受け取り済み／用事を済ます

+α 「座る」という読み方もある。

音	訓
ザ	―

おもな熟語	おもな使い方
座高・座席・星座・口座・座標	座席が空く／銀行口座／座標を合わせる

+α 「シャ」という読み方もある。「土砂」など。

音	訓
サ	すな

おもな熟語	おもな使い方
砂糖・砂場・砂金・砂鉄・砂山	砂糖をなめる／砂場で遊ぶ子供／砂鉄を集める

読み 漢字の読みを覚えて、意味を知ろう。

何度も取り組むために、なるべく書き込まずにノートにけテぶれをしよう。

□ ① 次の駅で降りる。
□ ② 鋼材を使う。
□ ③ 開演の時刻。
□ ④ 雑穀を米に混ぜる。
□ ⑤ 転んで骨折する。
□ ⑥ 返事に困る。
□ ⑦ 砂場で遊ぶ子供。
□ ⑧ 座席が空く。
□ ⑨ 用事を済ます。
□ ⑩ 罪を法で裁く。

書き込んでしまったときは解答欄を紙で隠して答えが見えないようにしよう。

□ ⑪ 相手に降参する。
□ ⑫ 鋼鉄の意志。
□ ⑬ 心に深く刻む。
□ ⑭ 穀倉地帯。
□ ⑮ 建物の骨組み。
□ ⑯ 困難を乗り越える。
□ ⑰ 砂鉄を集める。
□ ⑱ 銀行口座に入金する。
□ ⑲ 経済が安定する。
□ ⑳ 裁決を聞く。

1回目

2回目

3回目

解答・解説 ▼別冊12ページ

①（　　）⑪（　　）
②（　　）⑫（　　）
③（　　）⑬（　　）
④（　　）⑭（　　）
⑤（　　）⑮（　　）
⑥（　　）⑯（　　）
⑦（　　）⑰（　　）
⑧（　　）⑱（　　）
⑨（　　）⑲（　　）
⑩（　　）⑳（　　）

送り仮名もついでに覚えましょ。「裁く」は送り仮名をまちがえやすいかしら。

け 今日の意気込み・計画を書こう。

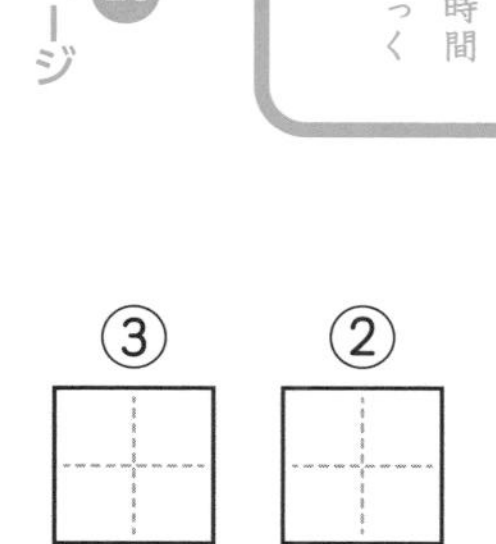

テ 今の実力を確認しよう。
次のひらがなを漢字にしよう。

解答・解説 ▼別冊12ページ

① 次の駅でおりる。
② こうざいを使う。
③ 開演のじこく。
④ ざっこくを米に混ぜる。
⑤ 転んでこっせつする。
⑥ 返事にこまる。
⑦ すなばで遊ぶ子供。
⑧ ざせきが空く。
⑨ 用事をすます。
⑩ 罪を法でさばく。
⑪ 相手にこうさんする。
⑫ こうてつの意志。
⑬ 心に深くきざむ。
⑭ こくそう地帯。
⑮ 建物のほねぐみ。
⑯ こんなんを乗り越える。
⑰ さてつを集める。
⑱ 銀行こうざに入金する。
⑲ けいざいが安定する。
⑳ さいけつを聞く。

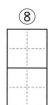

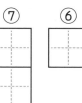

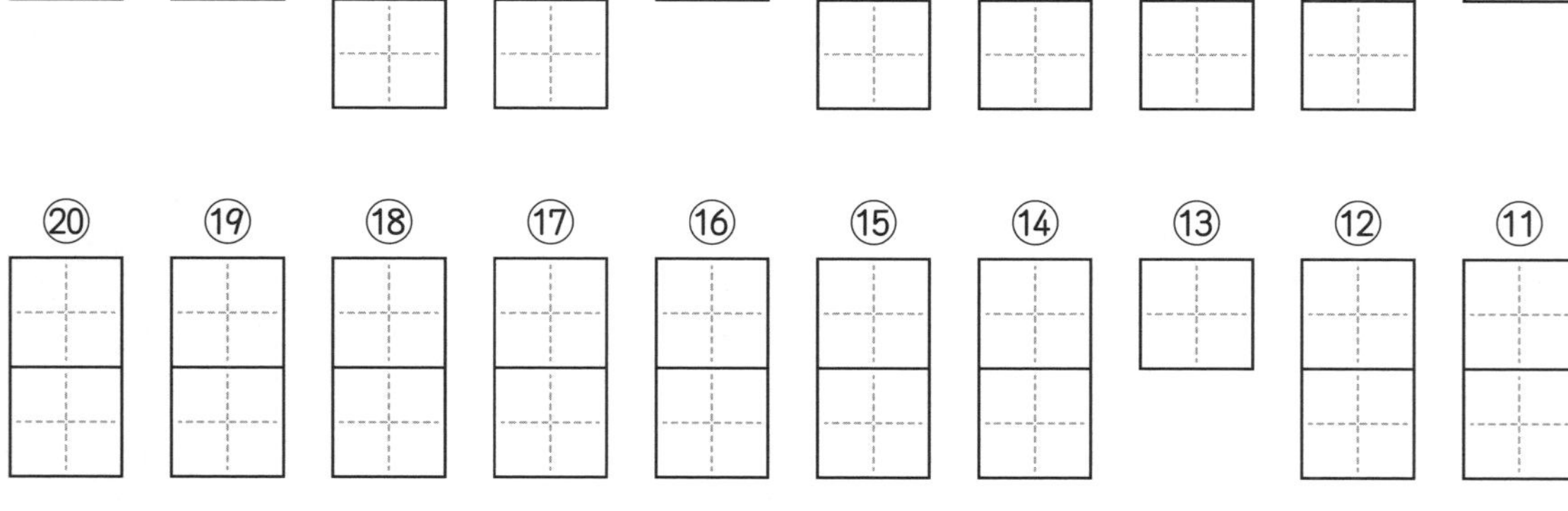

何度も取り組むために、なるべく書き込まずにノートにけテぶれをしよう。
書き込んでしまったときは解答欄を紙で隠して答えが見えないようにすれば、もう一度ノートにけテぶれができるよ。

振り返って学習の分析をしよう！ノートや練習スペースで練習しよう！

実際にけテぶれをやってみて感じた、コツや難しさなどを分析しよう。

ぶ 分析をしてみよう！

分析の例

「鋼」の右は、形に注意する。「穀」の左が難しいけれど、穀物に関する字には「禾」が使われると覚えよう。

れ 練習をしよう！

高速けテぶれ！

- 読みは隠してひたすら声に出して読む。漢字音読。
- 全部読めるようになってから、書き取りけテぶれに進めば、ある程度はじめから書けるよ！
- 苦手な字を、文房具屋さんで売っている暗記カードや、暗記カード機能のあるアプリに登録して、空き時間にさっととりだして見られるようにしておけば、その場で高速けテぶれが回せるよ。
- コツは「思い出す」こと。思い出そうとすればするほど、「思い出す」ことが上手になる。シンプルだね！

漢字学習「7」

第２タームの２

今回はこれらの漢字を学習しよう。まずは指でなぞりながら、字の形や書き順を覚えよう。

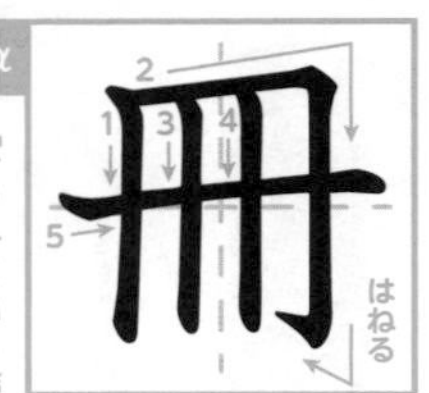

音	訓	おもな熟語	おもな使い方
サツ	―	冊子・冊数・合冊・分冊・別冊	冊子を読む／本の冊数を計算する／雑誌の別冊

+α 「サク」という読み方もある。「短冊」など。

音	訓	おもな熟語	おもな使い方
サク	―	策士・策略・画策・散策・対策	策略をめぐらす／野山を散策する／事故対策

音	訓	おもな熟語	おもな使い方
シ	すがた	姿勢・容姿・姿見・姿態	姿勢を正す／美しい容姿／後ろ姿が似ている

音	訓	おもな熟語	おもな使い方
シ	わたくし わたし	私語・私服・私物・公私・私事	私語をつつしむ／公私を分ける／私のペン

音	訓	おもな熟語	おもな使い方
シ	いたる	至急・至近・至難・夏至・冬至	至急取り寄せる／至近距離／至る所を探す

音	訓	おもな熟語	おもな使い方
サン	かいこ	蚕糸・養蚕	蚕糸試験場／養蚕業を営む／蚕を育てる

音	訓	おもな熟語	おもな使い方
ジ	―	磁気・磁石・磁針・磁場・磁力	方位磁針が北を示す／磁力がはたらく

音	訓	おもな熟語	おもな使い方
シ	―	誌面・雑誌・日誌・週刊誌	雑誌を読む／日誌を書いて報告する

音	訓	おもな熟語	おもな使い方
シ	―	歌詞・動詞・品詞・副詞・作詞	歌詞を覚える／品詞を見分ける／曲に合う作詞

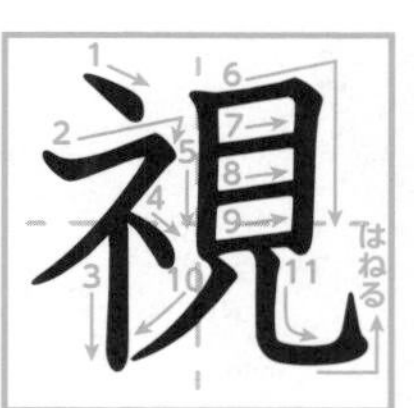

音	訓	おもな熟語	おもな使い方
シ	―	視点・視野・視力・重視・無視	新しい視点／視野を広げる／内容を重視する

読み

漢字の読みを覚えて、意味を知ろう。

何度も取り組むために、なるべく書き込まずにノートにけテぶれをしよう。

書き込んでしまったときは解答欄を紙で隠して答えが見えないようにしよう。

1回目 2回目 3回目

解答・解説 ▼別冊14ページ

□ ① 野山を散策する。
□ ② 冊子を作る。
□ ③ 蚕を育てる。
□ ④ 至る所を探す。
□ ⑤ 公私を分ける。
□ ⑥ 後ろ姿が似ている。
□ ⑦ 新しい視点を得る。
□ ⑧ 歌詞を覚える。
□ ⑨ 日誌を書いて報告する。
□ ⑩ 磁力がはたらく。
□ ⑪ 策略をめぐらす。
□ ⑫ 雑誌の別冊。
□ ⑬ 養蚕業を営む。
□ ⑭ 至急取り寄せる。
□ ⑮ 私語をつつしむ。
□ ⑯ 美しい容姿。
□ ⑰ 内容を重視する。
□ ⑱ 品詞を見分ける。
□ ⑲ 雑誌を読む。
□ ⑳ 方位磁針が北を示す。

① (　　) ② (　　) ③ (　　) ④ (　　) ⑤ (　　) ⑥ (　　) ⑦ (　　) ⑧ (　　) ⑨ (　　) ⑩ (　　)

⑪ (　　) ⑫ (　　) ⑬ (　　) ⑭ (　　) ⑮ (　　) ⑯ (　　) ⑰ (　　) ⑱ (　　) ⑲ (　　) ⑳ (　　)

「公私」は「公(おおやけ)」と「私」という反対の意味の漢字を組み合わせた熟語だぞ！

け 今日の意気込み・計画を書こう。

計画の例
同じ読みをする漢字・熟語に気を付ける。

テ 今の実力を確認しよう。次のひらがなを漢字にしよう。

1回目
2回目
3回目

解答・解説 ▼別冊14ページ

① 野山をさんさくする。
② さっしを作る。
③ かいこを育てる。
④ いたる所を探す。
⑤ こうしを分ける。
⑥ 後ろすがたが似ている。
⑦ 新しいしてんを得る。
⑧ かしを覚える。
⑨ にっしを書いて報告する。
⑩ じりょくがはたらく。
⑪ さくりゃくをめぐらす。
⑫ 雑誌のべっさつ。
⑬ ようさん業を営む。
⑭ しきゅう取り寄せる。
⑮ しごをつつしむ。
⑯ 美しいようし。
⑰ 内容をじゅうしする。
⑱ ひんしを見分ける。
⑲ ざっしを読む。
⑳ 方位じしんが北を示す。

① ② ③ ④ ⑤ ⑥ ⑦ ⑧ ⑨ ⑩

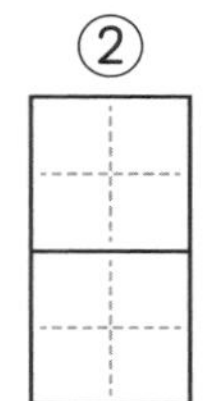
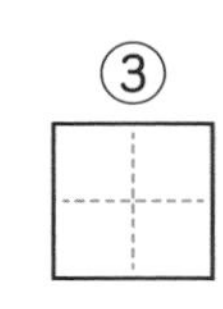
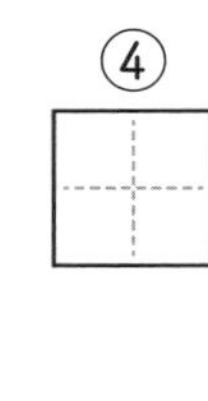

⑪ ⑫ ⑬ ⑭ ⑮ ⑯ ⑰ ⑱ ⑲ ⑳

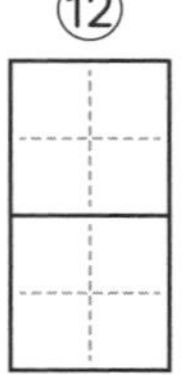
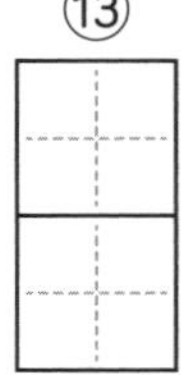
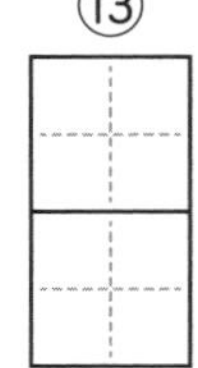
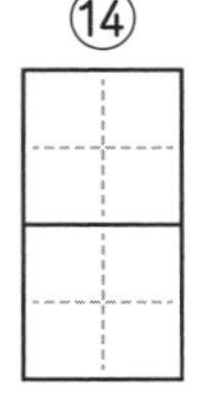
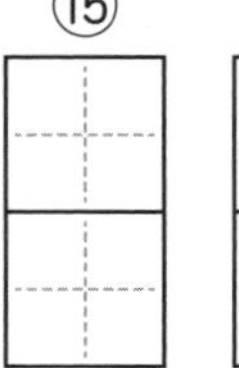
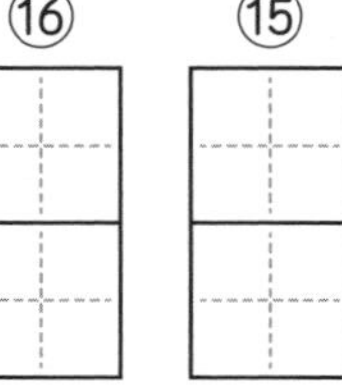
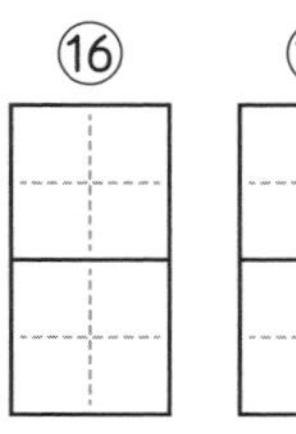
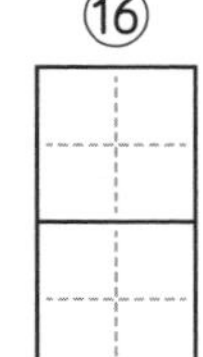
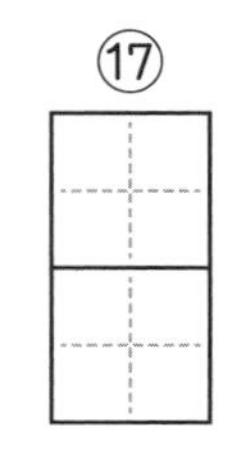

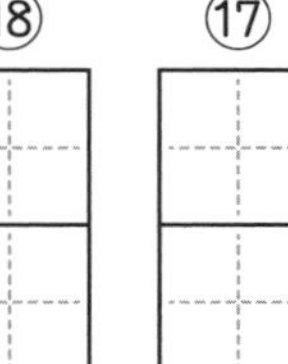

何度も取り組むために、なるべく書き込まずにノートにけテぶれをしよう。
書き込んでしまったときは解答欄を紙で隠して答えが見えないようにすれば、もう一度ノートにけテぶれができるよ。

振り返って学習の分析をしよう！ノートや練習スペースで練習しよう！

実際にけテぶれをやってみて感じた、コツや難しさなどを分析しよう。

ぶ

分析をしてみよう！

分析の例

「策」はつき出すところとはねるところに注意する。

「誌」と「詩」の違いがよくわかっていなかった。

れ

練習をしよう！

漢字の意味

- 漢字の学習は、「使える言葉の数」を増やすことでもあるんだ。読み方と意味を覚えているか確認しよう。
- 読めるけど、意味がわからないのは「まだマスターできていない」漢字といえる。読みながらどういう意味かと考えよう。
- 意味がわからない言葉は辞書で調べて、横に意味を書き込もう。

☆製造（せいぞう）とは原料を加工して製品を作ること。

☆現象（げんしょう）とは人間が知覚することのできるすべての物事。

漢字学習 [8]

第２タームの３

今回はこれらの漢字を学習しよう。まずは指でなぞりながら、字の形や書き順を覚えよう。

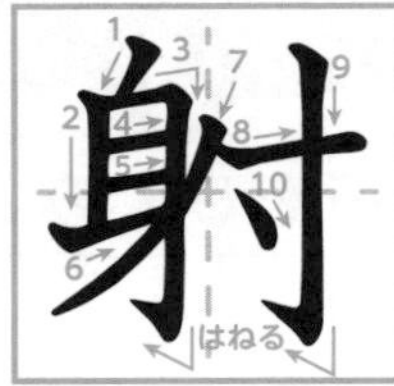

射	
音	シャ
訓	いる
おもな熟語	射的・直射・反射・注射・発射
おもな使い方	直射日光をさける／鏡に反射する／矢を射る

捨	
音	シャ
訓	すてる
おもな熟語	取捨・四捨五入
おもな使い方	材料を取捨する／捨て身の覚悟／勝負を捨てる

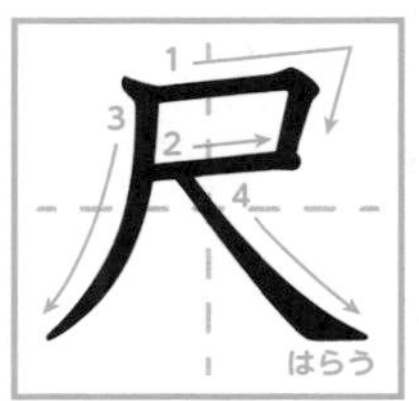

尺	
音	シャク
訓	―
おもな熟語	尺度・縮尺・尺八
おもな使い方	尺度を測る／五分の一の縮尺／尺が足りない

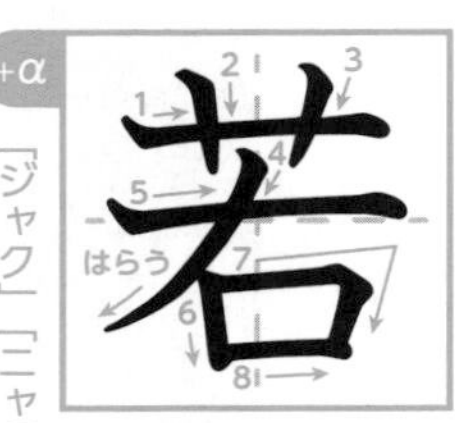

若	
音	―
訓	わかい
おもな熟語	若草・若葉・若者・若干
おもな使い方	若者の文化／若いころを思い出す

+α 「ジャク」「ニャク」という音読み、「もしくは」という訓読みもある。

樹	
音	ジュ
訓	―
おもな熟語	樹液・樹木・樹立・常緑樹
おもな使い方	樹液を集める／樹木を切る／新記録を樹立する

収	
音	シュウ
訓	おさめる おさまる
おもな熟語	収益・収集・収入・回収
おもな使い方	切手の収集家／用紙を回収する／勝利を収める

宗	
音	シュウ
訓	―
おもな熟語	宗教・宗派・宗門・改宗
おもな使い方	宗教画を見る／宗派の異なる寺／改宗の意思

+α 「宗主（そうしゅ）」などの読み方もある。

就	
音	シュウ
訓	―
おもな熟語	就学・就業・就職・就任
おもな使い方	妹が就学する／就職活動／役員に就任する

+α 「ジュ」という音読み、「つく」「つける」という訓読みもある。

衆	
音	シュウ
訓	―
おもな熟語	衆議院・観衆・公衆・大衆
おもな使い方	衆議院選挙／公衆電話を探す／大衆文学

+α 「ジュ」という読み方もある。「衆生（しゅじょう）」など。

従	
音	ジュウ
訓	したがう したがえる
おもな熟語	従事・従順・主従・服従
おもな使い方	研究に従事する／指示に従う／敵を従える

+α 「ショウ」「ジュ」という読み方もある。

読み

漢字の読みを覚えて、意味を知ろう。

何度も取り組むために、なるべく書き込まずにノートにけテぶれをしよう。

書き込んでしまったときは解答欄を紙で隠して答えが見えないようにしよう。

1回目 2回目 3回目

解答・解説 ▼別冊16ページ

□ ① 矢を射る。
□ ② 勝負を捨てる。
□ ③ 尺が足りない。
□ ④ 若いころを思い出す。
□ ⑤ 樹木を切る。
□ ⑥ 勝利を収める。
□ ⑦ 宗派の異なる寺。
□ ⑧ 妹が就学する。
□ ⑨ 公衆電話を探す。
□ ⑩ 指示に従う。
□ ⑪ 鏡に反射する。
□ ⑫ 材料を取捨する。
□ ⑬ 尺度を測る。
□ ⑭ 若者の文化。
□ ⑮ 常緑樹を植える。
□ ⑯ 用紙を回収する。
□ ⑰ 改宗の意思がある。
□ ⑱ 役員に就任する。
□ ⑲ 衆議院議員選挙。
□ ⑳ 研究に従事する。

① (　　) ② (　　) ③ (　　) ④ (　　) ⑤ (　　) ⑥ (　　) ⑦ (　　) ⑧ (　　) ⑨ (　　) ⑩ (　　)

⑪ (　　) ⑫ (　　) ⑬ (　　) ⑭ (　　) ⑮ (　　) ⑯ (　　) ⑰ (　　) ⑱ (　　) ⑲ (　　) ⑳ (　　)

「尺が足りない」とは、「長さが足りない」ということです。

け 今日の意気込み・計画を書こう。

計画の例
今日は書き順に注意して書く！

テ 今の実力を確認しよう。次のひらがなを漢字にしよう。

1回目 2回目 3回目

解答・解説 ▼別冊16ページ

① 矢をいる。
② 勝負をすてる。
③ しゃくが足りない。
④ わかいころを思い出す。
⑤ じゅもくを切る。
⑥ 勝利をおさめる。
⑦ しゅうはの異なる寺。
⑧ 妹がしゅうがくする。
⑨ こうしゅう電話を探す。
⑩ 指示にしたがう。
⑪ 鏡にはんしゃする。
⑫ 材料をしゅしゃする。
⑬ しゃくどを測る。
⑭ わかものの文化。
⑮ じょうりょくじゅを植える。
⑯ 用紙をかいしゅうする。
⑰ かいしゅうの意思がある。
⑱ 役員にしゅうにんする。
⑲ しゅうぎいん議員選挙。
⑳ 研究にじゅうじする。

① ② ③ ④ ⑤ ⑥ ⑦ ⑧ ⑨ ⑩

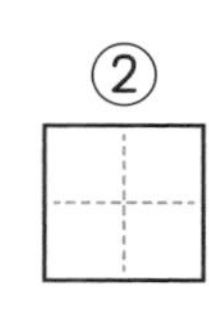
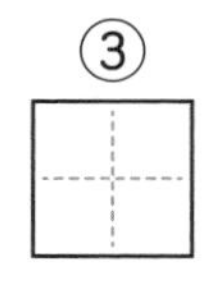
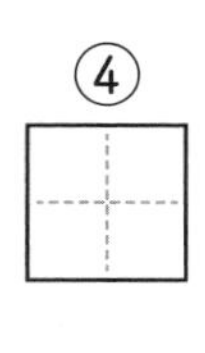
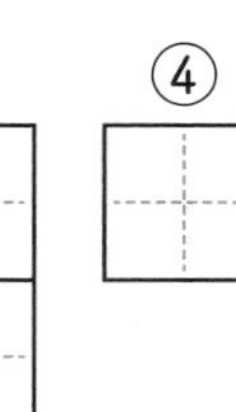
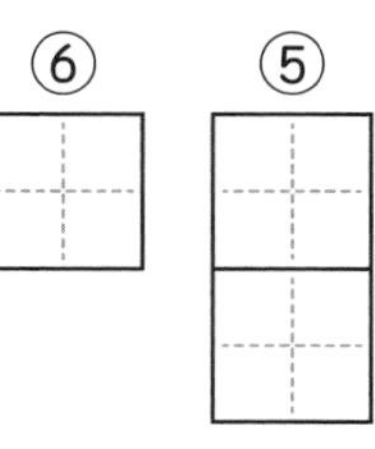
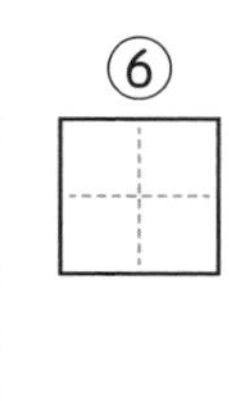
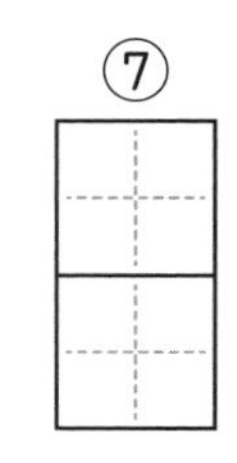
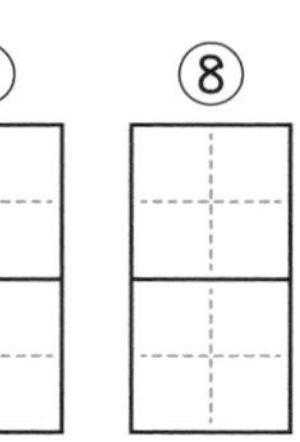
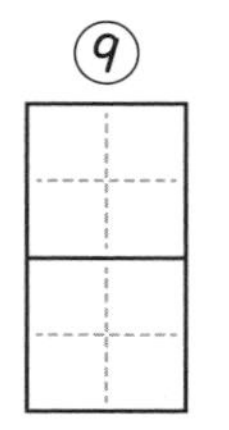

⑪ ⑫ ⑬ ⑭ ⑮ ⑯ ⑰ ⑱ ⑲ ⑳

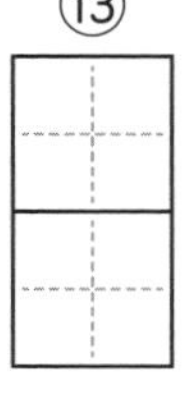
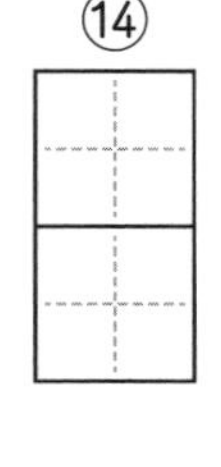
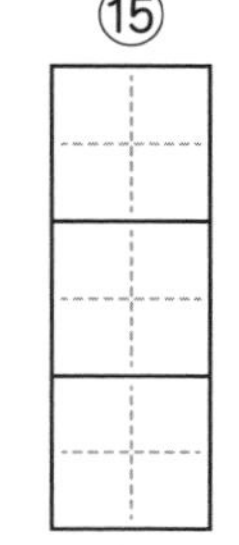
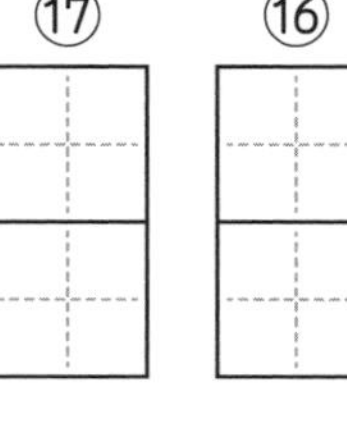
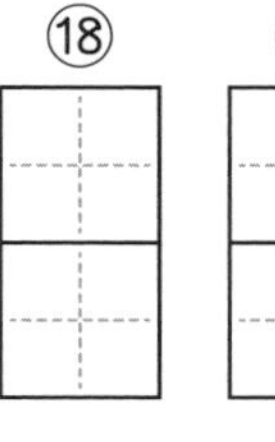
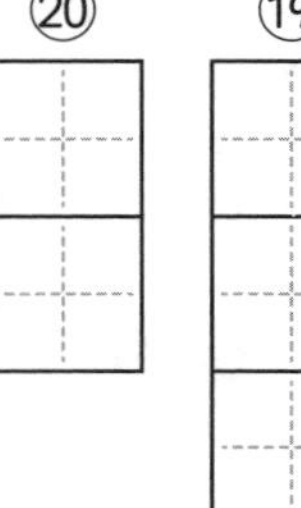

何度も取り組むために、なるべく書き込まずにノートにけテぶれをしよう。
書き込んでしまったときは解答欄を紙で隠して答えが見えないようにすれば、もう一度ノートにけテぶれができるよ。

振り返って学習の分析をしよう！ノートや練習スペースで練習しよう！

実際にけテぶれをやってみて感じた、コツや難しさなどを分析しよう。

ぶ 分析をしてみよう！

分析の例
「就」の形が難しいので、気を付ける。
「衆」のはねやはらいの形を何度も練習すべき。

れ 練習をしよう！

書き取り

- 漢字の書き取りでは、書き順に注意しよう！
- 細かいところまでしっかりとチェックするために、指書きを推奨しているんだ。
- 指書きとは、指先で漢字をなぞって、「そらがき」すること。鉛筆で実際に書かないけれど、指を動かして書く感じだよ。これは素早くできるので、高速けテぶれを回せるよ。

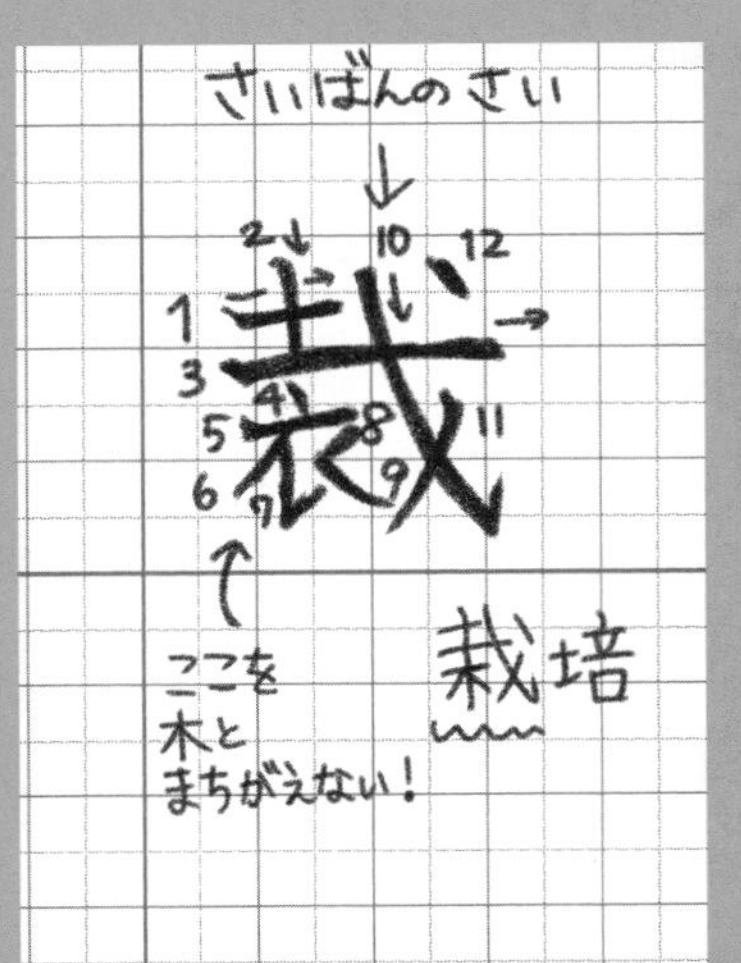

漢字学習［9］

第２タームの４

今回はこれらの漢字を学習しよう。まずは指でなぞりながら、字の形や書き順を覚えよう。

音 シュク
訓 ちぢむ　ちぢまる　ちぢめる　ちぢれる　ちぢらす
おもな熟語 縮小・圧縮・短縮・濃縮
おもな使い方 時間を短縮する／洋服が縮む／長さを縮める

音 ジュウ
訓 たて
おもな熟語 縦断・操縦・縦長・縦走
おもな使い方 大陸を縦断する／飛行機の操縦／縦書きの文章

音 ショ
訓 ―
おもな熟語 署長・署名・部署・消防署
おもな使い方 書類に署名する／部署を移る／消防署の役割

音 ショ
訓 ―
おもな熟語 処分・処世術・処理・対処
おもな使い方 不用品を処分する／情報を処理する／対処法

音 ジュン
訓 ―
おもな熟語 純情・単純・不純・純金
おもな使い方 純情な子供／単純な問題／純金を買う

+α「熟れる」という読み方もある。

音 ジュク
訓 ―
おもな熟語 熟知・熟読・習熟・未熟
おもな使い方 商品を熟知する／資料を熟読する／未熟な果実

音 ショウ
訓 ―
おもな熟語 将軍・将来・大将・武将
おもな使い方 将来の夢を語る／敵の大将をねらう／戦国武将

+α「承る」という読み方もある。

音 ショウ
訓 ―
おもな熟語 承知・承認・継承・伝承
おもな使い方 承知できない内容／承認を得る／伝承を調べる

+α「ジ」という読み方もある。「除目」など。

音 ジョ
訓 のぞく
おもな熟語 除外・除去・除雪・除草・解除
おもな使い方 道路を除雪する／除草剤／ごみを取り除く

音 ショ
訓 ―
おもな熟語 諸悪・諸君・諸国・諸説・諸島
おもな使い方 諸国を歩く／諸説が入り乱れる／諸島をめぐる

読み　漢字の読みを覚えて、意味を知ろう。

何度も取り組むために、なるべく書き込まずにノートにけテぶれをしよう。

書き込んでしまったときは解答欄を紙で隠して答えが見えないようにしよう。

1回目

2回目

3回目

□①縦書きの文章。
□②洋服が縮む。
□③商品を熟知する。
□④単純な問題。
□⑤不用品を処分する。
□⑥部署を移る。
□⑦諸国を歩く。
□⑧ごみを取り除く。
□⑨伝承を調べる。
□⑩将来の夢を語る。
□⑪飛行機の操縦。
□⑫時間を短縮する。
□⑬未熟な果実。
□⑭純金を買う。
□⑮対処法を考える。
□⑯書類に署名する。
□⑰諸説が入り乱れる。
□⑱道路を除雪する。
□⑲承知できない内容。
□⑳敵の大将をねらう。

解答・解説 ▼別冊18ページ

①（　　）
②（　　）
③（　　）
④（　　）
⑤（　　）
⑥（　　）
⑦（　　）
⑧（　　）
⑨（　　）
⑩（　　）
⑪（　　）
⑫（　　）
⑬（　　）
⑭（　　）
⑮（　　）
⑯（　　）
⑰（　　）
⑱（　　）
⑲（　　）
⑳（　　）

「縮む」の「ぢ」と「じ」をまちがえないようにするのだ！

け 今日の意気込み・計画を書こう。

計画の例
部首や成り立ちに注目しながら覚えてみる。

テ 今の実力を確認しよう。次のひらがなを漢字にしよう。

1回目
2回目
3回目

▼解答・解説 別冊18ページ

① たて書きの文章。
② 洋服がちぢむ。
③ 商品をじゅくちする。
④ たんじゅんな問題。
⑤ 不用品をしょぶんする。
⑥ ぶしょを移る。
⑦ しょこくを歩く。
⑧ ごみを取りのぞく。
⑨ でんしょうを調べる。
⑩ しょうらいの夢を語る。
⑪ 飛行機のそうじゅう。
⑫ 時間をたんしゅくする。
⑬ みじゅくな果実。
⑭ じゅんきんを買う。
⑮ たいしょ法を考える。
⑯ 書類にしょめいする。
⑰ しょせつが入り乱れる。
⑱ 道路をじょせつする。
⑲ しょうちできない内容。
⑳ 敵のたいしょうをねらう。

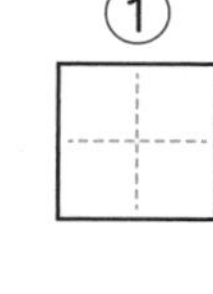
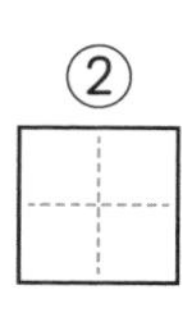
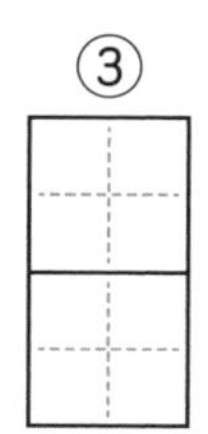
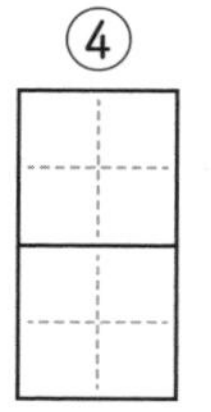
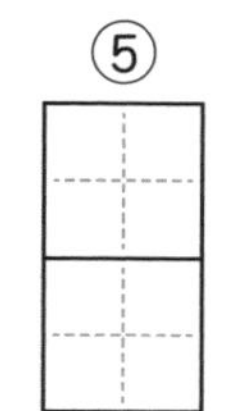
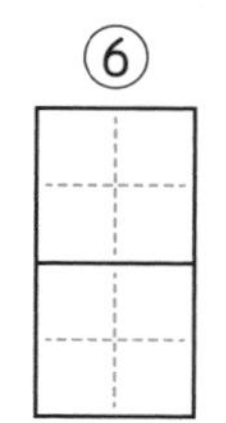
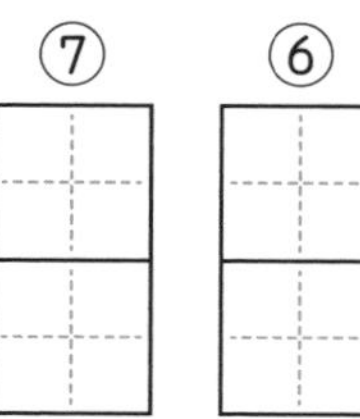

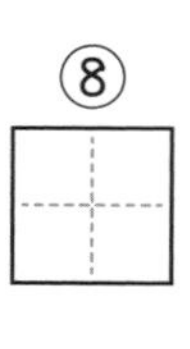
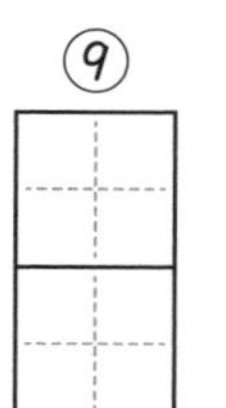
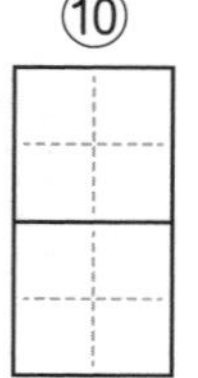

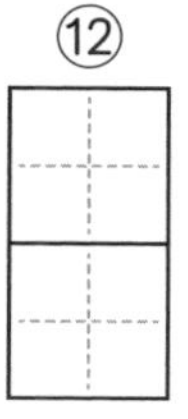
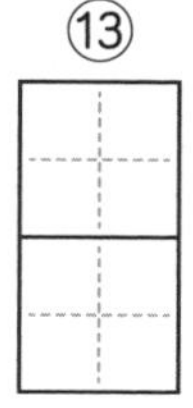
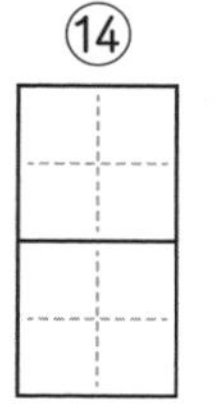
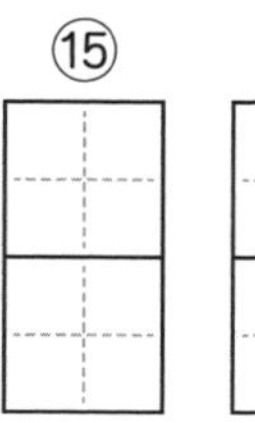
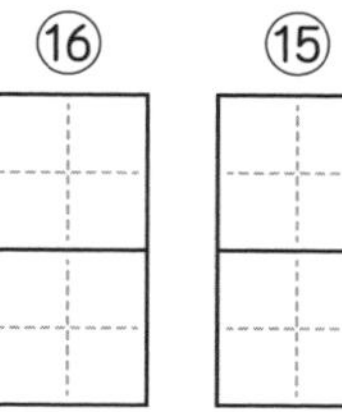
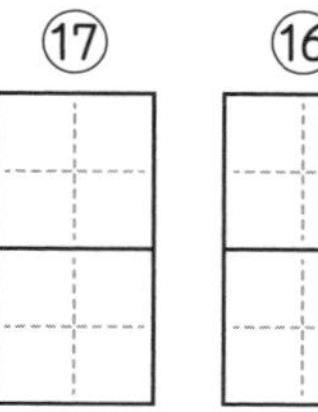
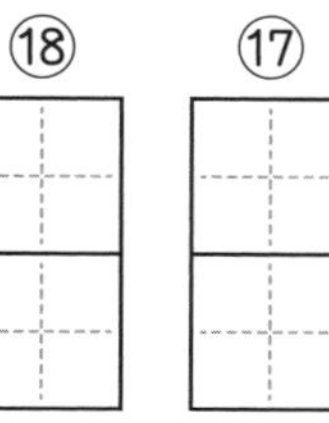
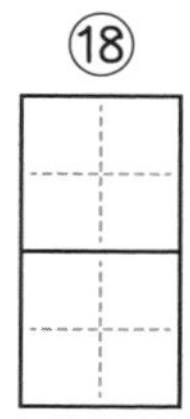

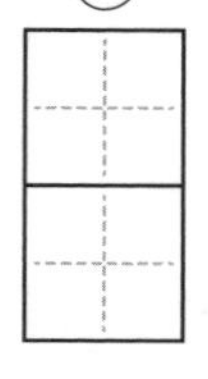

何度も取り組むために、なるべく書き込まずにノートにけテぶれをしよう。
書き込んでしまったときは解答欄を紙で隠して答えが見えないようにすれば、もう一度ノートにけテぶれができるよ。

振り返って学習の分析をしよう！ノートや練習スペースで練習しよう！

実際にけテぶれをやってみて感じた、コツや難しさなどを分析しよう。

ぶ 分析をしてみよう！

分析の例

「縦」「縮」「熟」など、難しい漢字が多いので、ていねいに練習する。

れ 練習をしよう！

覚えるコツ

● どうしても覚えられないときはどうしたらいいかな。たとえば、部首や成り立ちにも着目してみよう。「ただ覚えよう」とするのではなくて、意味づけをしたり、とっかかりから押(お)さえていったりすることで、学習が進められることもあるよ。たまには「やり方を変えてみる」チャレンジもしてみよう。

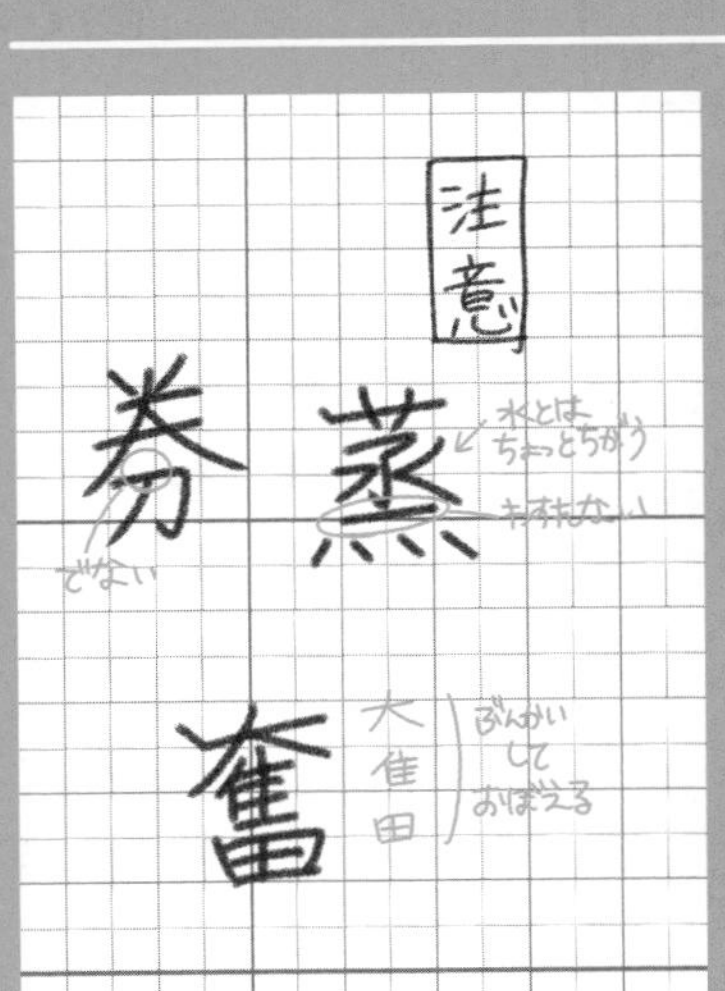

漢字学習〔10〕

第２タームの５

今回はこれらの漢字を学習しよう。まずは指でなぞりながら、字の形や書き順を覚えよう。

障

+α「障る」という読み方もある。

音	訓
ショウ	ー

おもな熟語	おもな使い方
障害・障子・故障・保障	障害物をよける／機械が故障する／安全の保障

傷

+α「傷む」「傷める」という読み方もある。

音	訓
ショウ	きず

おもな熟語	おもな使い方
傷心・感傷・外傷・負傷	傷心をいやす／感傷にふける／傷口がふさがる

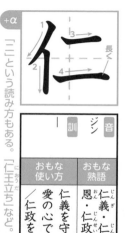

垂

音	訓
スイ	たれる たらす

おもな熟語	おもな使い方
垂線・垂直・垂木・胃下垂	垂線を引く／垂直に交わる／糸を垂らす

仁

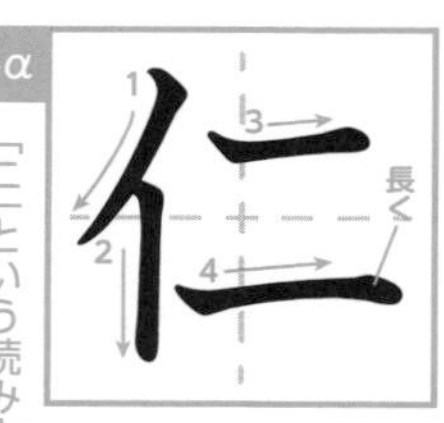

+α「ニ」という読み方もある。「仁王立ち」など。

音	訓
ジン	ー

おもな熟語	おもな使い方
仁義・仁愛・仁恩・仁政	仁義を守る／仁愛の心で接する／仁政をしく

針

音	訓
シン	はり

おもな熟語	おもな使い方
秒針・方針・針金・針路・指針	秒針が進む／方針を定める／針に糸を通す

蒸

+α「蒸す」「蒸れる」「蒸らす」という読み方もある。

音	訓
ジョウ	ー

おもな熟語	おもな使い方
蒸気・蒸発・蒸留	水分を蒸発させる／蒸留した水を使う

聖

音	訓
セイ	ー

おもな熟語	おもな使い方
聖火・聖歌・聖書・聖人・神聖	聖火をともす／聖書を読む／神聖な場所

盛

+α「セイ」「ジョウ」という音読み、「さかる」「さかん」という訓読みもある。

音	訓
ー	もる

おもな熟語	おもな使い方
盛大・盛夏・盛時・全盛・盛衰	盛大に祝う／全盛をきわめる／人気を盛り返す

寸

音	訓
スン	ー

おもな熟語	おもな使い方
寸前・寸法・寸志・寸劇・寸評	発車寸前に乗る／寸法をはかる／寸志を包む

推

+α「推す」という読み方もある。

音	訓
スイ	ー

おもな熟語	おもな使い方
推移・推進・推測・推理・類推	事態の推移／事例の類推／犯人を推理する

読み　漢字の読みを覚えて、意味を知ろう。

何度も取り組むために、なるべく書き込まずにノートにけテぶれをしよう。

書き込んでしまったときは解答欄を紙で隠して答えが見えないようにしよう。

解答・解説 ▼別冊20ページ

- □ ① 傷口がふさがる。
- □ ② 機械が故障する。
- □ ③ 水分を蒸発させる。
- □ ④ 針に糸を通す。
- □ ⑤ 仁愛の心で接する。
- □ ⑥ 糸を垂らす。
- □ ⑦ 犯人を推理する。
- □ ⑧ 発車寸前に乗る。
- □ ⑨ 人気を盛り返す。
- □ ⑩ 聖火をともす。
- □ ⑪ 感傷にふける。
- □ ⑫ 安全の保障。
- □ ⑬ 蒸留した水を使う。
- □ ⑭ 方針を定める。
- □ ⑮ 仁義を守る。
- □ ⑯ 垂直に交わる。
- □ ⑰ 事例から類推する。
- □ ⑱ 寸法をはかる。
- □ ⑲ 盛大に祝う。
- □ ⑳ 聖書を読む。

①（　　）②（　　）③（　　）④（　　）⑤（　　）⑥（　　）⑦（　　）⑧（　　）⑨（　　）⑩（　　）

⑪（　　）⑫（　　）⑬（　　）⑭（　　）⑮（　　）⑯（　　）⑰（　　）⑱（　　）⑲（　　）⑳（　　）

「聖火」は「聖火リレー」などの言葉に使われていますよ。

け 今日の意気込み・計画を書こう。

計画の例
漢字のみならず、四字熟語も覚える！

テ 今の実力を確認しよう。次のひらがなを漢字にしよう。

1回目
2回目
3回目

解答・解説 ▼別冊20ページ

①きずぐちがふさがる。
②機械がこしょうする。
③水分をじょうはつさせる。
④はりに糸を通す。
⑤じんあいの心で接する。
⑥糸をたらす。
⑦犯人をすいりする。
⑧発車すんぜんに乗る。
⑨人気をもり返す。
⑩せいかをともす。
⑪かんしょうにふける。
⑫安全のほしょう。
⑬じょうりゅうした水を使う。
⑭ほうしんを定める。
⑮じんぎを守る。
⑯すいちょくに交わる。
⑰事例かららいすいする。
⑱すんぽうをはかる。
⑲せいだいに祝う。
⑳せいしょを読む。

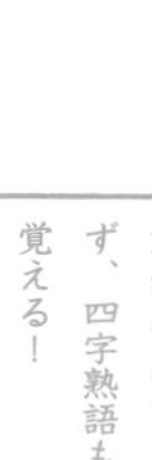

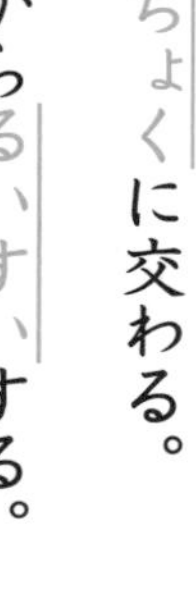
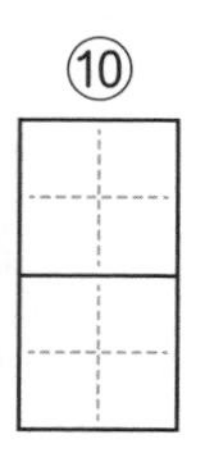
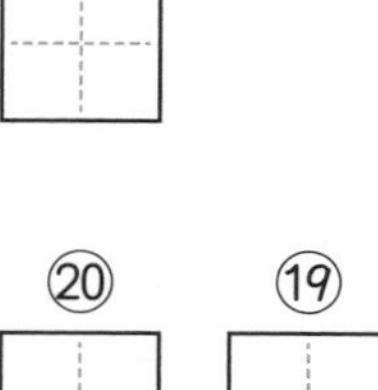
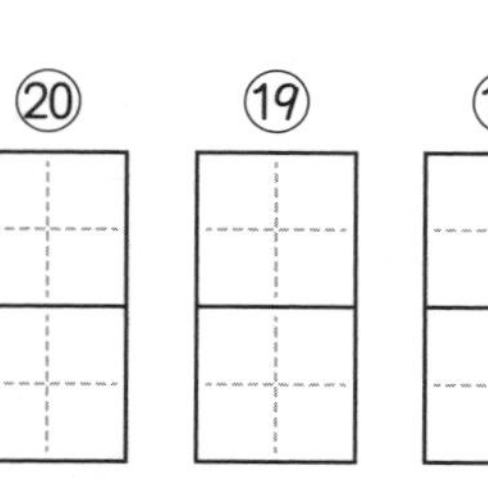
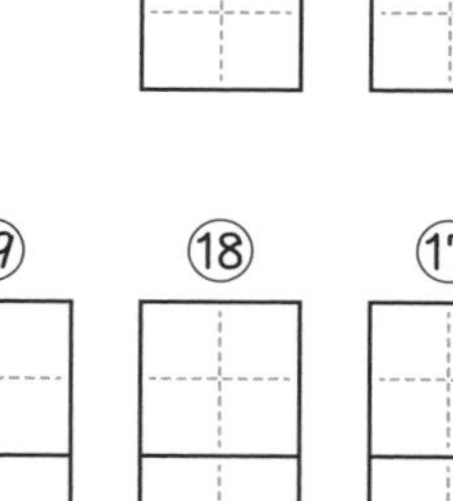
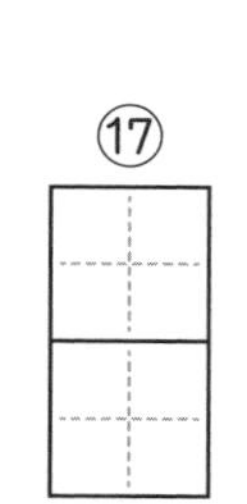
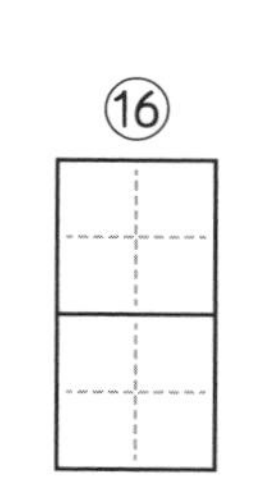
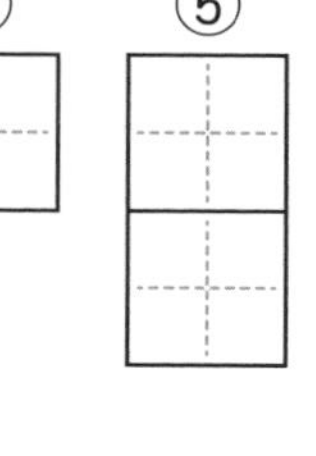
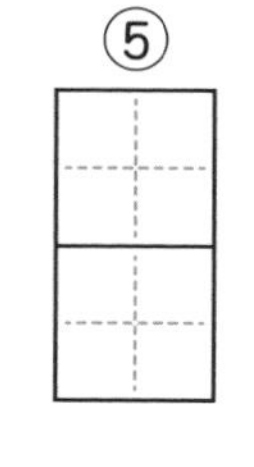
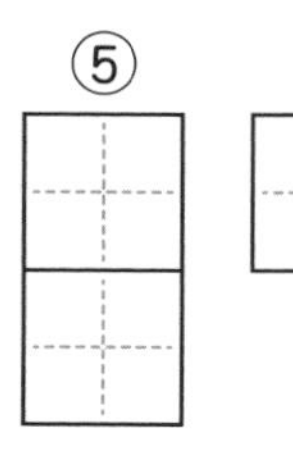
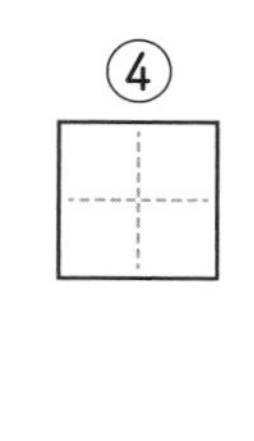
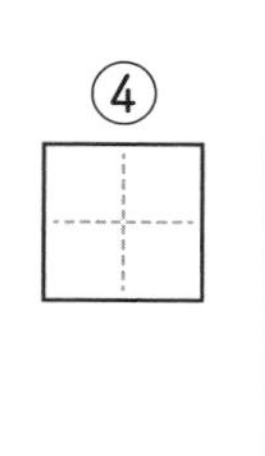
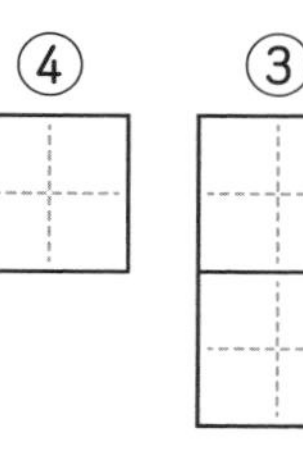
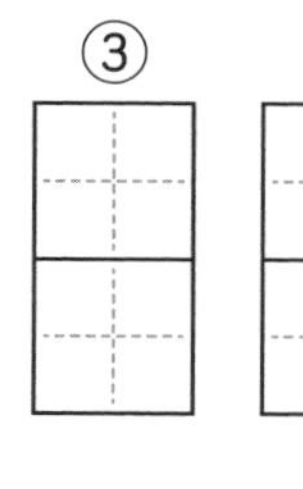
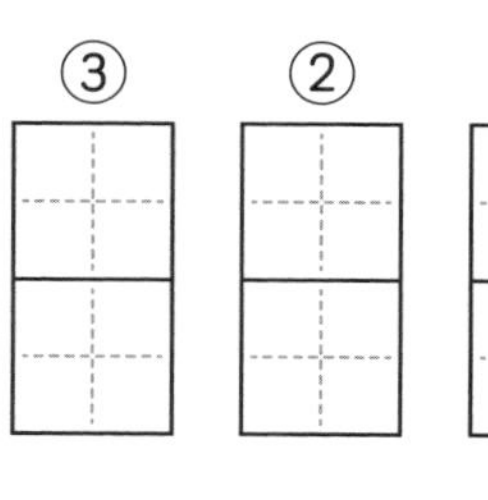
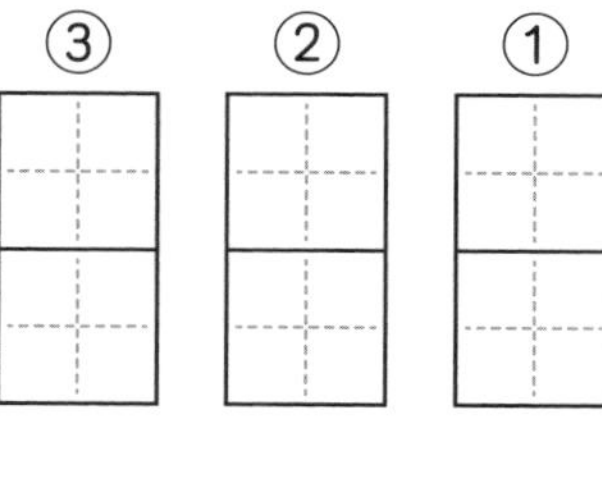
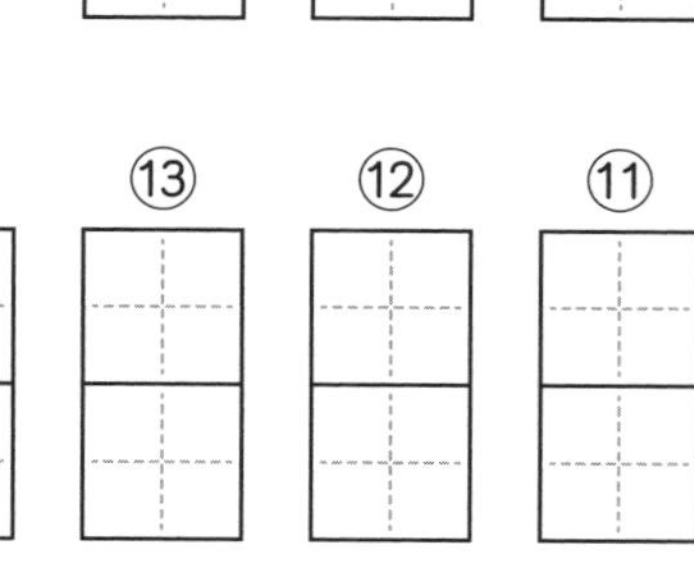

①②③④⑤⑥⑦⑧⑨⑩

⑪⑫⑬⑭⑮⑯⑰⑱⑲⑳

何度も取り組むために、なるべく書き込まずにノートにけテぶれをしよう。

書き込んでしまったときは解答欄を紙で隠して答えが見えないようにすれば、もう一度ノートにけテぶれができるよ。

振り返って学習の分析をしよう！ノートや練習スペースで練習しよう！

実際にけテぶれをやってみて感じた、コツや難しさなどを分析しよう。

ぶ 分析をしてみよう！

分析の例
「傷」は横の画に気を付ける。「蒸」の横の画を忘れてしまった。

れ 練習をしよう！

＋αの学習

● 余裕(よゆう)があれば、習っていない漢字や四字熟語、ことわざなんかも調べよう。

● けテぶれを使った学習では、100点以上取れる仕組みがあるんだ。たとえば、漢字の書き順を説明しているページの＋αを学んでみよう。＋αでは、難しい読み方・熟語、中学校で習うことなどを解説しているよ。ここまでできれば、120点、150点、200点ともいえるね！　できる子はどんどん進めていこう。けテぶれを回し続けられるなら、難しい範囲でもちゃんと学習を進めていけるはずだよ。

のテスト

1 漢字の読み方を書こう。

何度も取り組むために、なるべく書き込まずにノートで練習しよう。

1回目
2回目
3回目

解答 ▼別冊42ページ

①矢を射る。
②銀行口座に入金する。
③諸説が入り乱(みだ)れる。
④事例から類推する。
⑤策略をめぐらす。
⑥妹が就学する。
⑦人気を盛り返す。
⑧困難を乗り越(こ)える。
⑨磁力がはたらく。
⑩衆議院議員選挙。
⑪承知できない内容。
⑫雑誌の別冊。
⑬改宗の意思がある。
⑭聖火をともす。
⑮砂場で遊ぶ子供(こども)。
⑯道路を除雪する。
⑰尺が足りない。
⑱仁愛の心で接する。
⑲穀倉地帯。
⑳対処法を考える。
㉑後ろ姿が似ている。
㉒水分を蒸発させる。
㉓勝利を収める。
㉔裁決を聞く。
㉕時間を短縮する。
㉖品詞を見分ける。
㉗相手に降参する。
㉘発車寸前に乗る。
㉙若いころを思い出す。
㉚部署を移る。
㉛養蚕業を営む。
㉜研究に従事する。
㉝糸を垂らす。
㉞内容を重視する。
㉟転んで骨折する。
㊱飛行機の操縦。
㊲機械が故障する。
㊳至急取り寄せる。
㊴常緑樹を植える。
㊵敵の大将をねらう。
㊶開演の時刻。
㊷純金を買う。
㊸雑誌を読む。
㊹針に糸を通す。
㊺経済が安定する。
㊻商品を熟知する。
㊼公私を分ける。
㊽感傷にふける。
㊾材料を取捨する。
㊿鋼材を使う。

第2ターム

2 漢字にして書こう。

何度も取り組むために、なるべく書き込まずにノートで練習しよう。

1回目 2回目 3回目

解答▼別冊42ページ

① さっしを作る。
② たて書きの文章。
③ 次の駅でおりる。
④ こうしゅう電話。
⑤ じょうりゅうした水。
⑥ いたる所を探(さが)す。
⑦ 不用品のしょぶん。
⑧ 鏡にはんしゃする。
⑨ こうてつの意志。
⑩ 洋服がちぢむ。
⑪ 指示にしたがう。
⑫ しごをつつしむ。
⑬ わかものの文化。
⑭ たんじゅんな問題。
⑮ 罪を法でさばく。
⑯ 犯人をすいりする。
⑰ 役員にしゅうにんする。
⑱ 返事にこまる。
⑲ しゅうはの異なる寺。
⑳ かしを覚える。
㉑ 安全のほしょう。
㉒ 用事をすます。
㉓ みじゅくな果実。
㉔ じゅもくを切る。
㉕ 新しいしてんを得る。
㉖ ざっこく米。
㉗ 方位じしん。
㉘ 書類にしょめいする。
㉙ 勝負をすてる。
㉚ ほうしんを定める。
㉛ 野山をさんさくする。
㉜ ざせきが空く。
㉝ しょうらいの夢。
㉞ しゃくどを測る。
㉟ じんぎを守る。
㊱ にっしを書く。
㊲ さてつを集める。
㊳ すいちょくに交わる。
㊴ でんしょうを調べる。
㊵ かいこを育てる。
㊶ きずぐちがふさがる。
㊷ しょこくを歩く。
㊸ 心に深くきざむ。
㊹ せいしょを読む。
㊺ ごみを取りのぞく。
㊻ 美しいようし。
㊼ せいだいに祝う。
㊽ 用紙のかいしゅう。
㊾ 建物のほねぐみ。
㊿ すんぽうをはかる。

第２タームは「漢字の学習」をしっかりと深めるためのアドバイスをしてきました。学習を深めるための視点を思い出しながら、学習を分析して、次の計画を立ててくださいね。

振り返って、学習の大分析をしよう。次の学習の計画を立てよう。

＋：うまくいったこと・成長したこと	－：うまくいかなかったこと・失敗したこと	→：次はどうするか

実際にけテぶれをやってみて感じた、コツや難しさなどを分析しよう。

まずは量。そこから質

漢字学習に限らず、学習はまずは「量」が大事です。漢字でいえば、漢字の書き取りは何回もしたほうが定着しますよね。ただ、やみくもに「量」だけをこなしていては効率が悪いこともあります。何度も同じミスをしたり、覚えたはずなのにテストで書けなかったりした経験はありますよね。第1ターム・第2タームでけテぶれに慣れてきたはずです。次のタームからは、「質」の向上を意識していきましょう。1回の学習で覚えたり、できるようになったりすることを多くしていけるように工夫していきましょう。

大分析をふまえて、次の学習のための大計画を書こう。

いつまでに覚える？〈　月　日〉

／	／	／	／	／	／	／
／	／	／	／	／	／	／

第１タームでは、20問の漢字を覚えるための「大計画」を立ててみましたね。それを40問に増やしてみましょう。今までやってきた「けテぶれ」の感覚を思い出して、自分なら40問の漢字をどれくらいの期間で覚えられるかな、と考えて、大計画を作ってみましょう。

上の表は２週間分の計画が立てられるようになっています。もっと少ない期間でできる！という人は、60問、80問と目標を大きくしてもいいですし、２週間では40問も覚えられない！という人は目標を小さくしてもOKですよ。表はノートに書いてもいいですよ。

漢字学習 [11]

第３タームの１

今回はこれらの漢字を学習しよう。まずは指でなぞりながら、字の形や書き順を覚えよう。

誠

音	訓
セイ	―

おもな熟語：誠意・誠実・誠心・至誠・忠誠

おもな使い方：誠意を見せる／誠実に対応する／忠誠心が強い

+α 「誠」という読み方もある。

舌

音	訓
―	した

おもな熟語：舌先・毒舌・弁舌

おもな使い方：舌先で味わう／舌足らずな口調／舌を巻く

+α 「ゼツ」という読み方もある。

宣

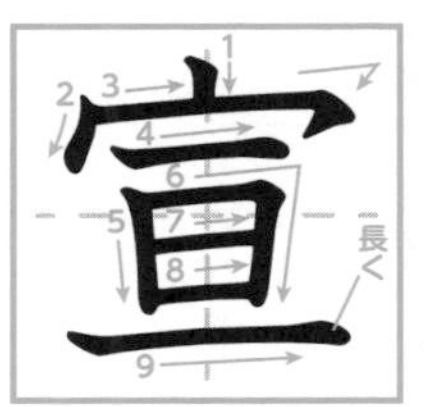

音	訓
セン	―

おもな熟語：宣教・宣言・宣告・宣誓・宣伝

おもな使い方：独立宣言／病名を宣告される／商品を宣伝する

専

音	訓
セン	―

おもな熟語：専属・専念・専売・専門・専有

おもな使い方：専属カメラマン／学業に専念する／専門の知識

+α 「専ら」という読み方もある。

泉

音	訓
セン	いずみ

おもな熟語：温泉・源泉・泉質・鉱泉・冷泉

おもな使い方：温泉につかる／源泉を探す／泉の水をくむ

洗

音	訓
セン	あらう

おもな熟語：洗車・洗面・洗礼・洗練・水洗

おもな使い方：洗礼を受ける／手を洗う／洗練されたデザイン

染

音	訓
―	そめる そまる

おもな熟語：感染・伝染・染料・染色

おもな使い方：布を染める／夕日に赤く染まる／感染を抑える

+α 「セン」という音読み、「しみる」「しみ」という訓読みもある。

銭

音	訓
セン	―

おもな熟語：銭湯・一銭・金銭・悪銭・古銭

おもな使い方：銭湯に寄る／一銭もない／金銭感覚

+α 「ぜに」という読み方もある。「小銭」など。

善

音	訓
ゼン	よい

おもな熟語：善悪・善意・善良・改善・最善

おもな使い方：善い未来／善良な行い／最善のやり方

奏

音	訓
ソウ	―

おもな熟語：奏者・演奏・合奏・独奏・前奏

おもな使い方：フルート奏者／演奏会を開く／ピアノの前奏

+α 「奏でる」という読み方もある。

読み　漢字の読みを覚えて、意味を知ろう。

何度も取り組むために、なるべく書き込まずにノートにけテぶれをしよう。

書き込んでしまったときは解答欄を紙で隠して答えが見えないようにしよう。

1回目　2回目　3回目

解答・解説 ▼別冊22ページ

- □ ① 誠実に対応する。
- □ ② 舌先で味わう。
- □ ③ 商品を宣伝する。
- □ ④ 専門の知識。
- □ ⑤ 泉の水をくむ。
- □ ⑥ せっけんで手を洗う。
- □ ⑦ 布を染める。
- □ ⑧ 金銭感覚。
- □ ⑨ 最善のやり方。
- □ ⑩ 演奏会を開く。
- □ ⑪ 忠誠心が強い。
- □ ⑫ 舌足らずな口調。
- □ ⑬ 病名を宣告される。
- □ ⑭ 学業に専念する。
- □ ⑮ 温泉につかる。
- □ ⑯ 洗練された印象。
- □ ⑰ 草木染めの材料。
- □ ⑱ 銭湯に寄る。
- □ ⑲ 善良な行い。
- □ ⑳ フルート奏者。

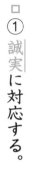

①（　）②（　）③（　）④（　）⑤（　）⑥（　）⑦（　）⑧（　）⑨（　）⑩（　）

⑪（　）⑫（　）⑬（　）⑭（　）⑮（　）⑯（　）⑰（　）⑱（　）⑲（　）⑳（　）

「専ら」は中学校で習う読み方だわぁ〜。読めたらすごいねぇ〜。

け 今日の意気込み・計画を書こう。

計画の例
「テスト」の日を決めて取り組んでみる。

テ 今の実力を確認しよう。
次のひらがなを漢字にしよう。

1回目
2回目
3回目

解答・解説
▼別冊22ページ

① せいじつに対応する。
② したさきで味わう。
③ 商品をせんでんする。
④ せんもんの知識。
⑤ いずみの水をくむ。
⑥ せっけんで手をあらう。
⑦ 布をそめる。
⑧ きんせん感覚。
⑨ さいぜんのやり方。
⑩ えんそう会を開く。
⑪ ちゅうせい心が強い。
⑫ したたらずな口調。
⑬ 病名をせんこくされる。
⑭ 学業にせんねんする。
⑮ おんせんにつかる。
⑯ せんれんされた印象。
⑰ くさきぞめの材料。
⑱ せんとうに寄る。
⑲ ぜんりょうな行い。
⑳ フルートそうしゃ。

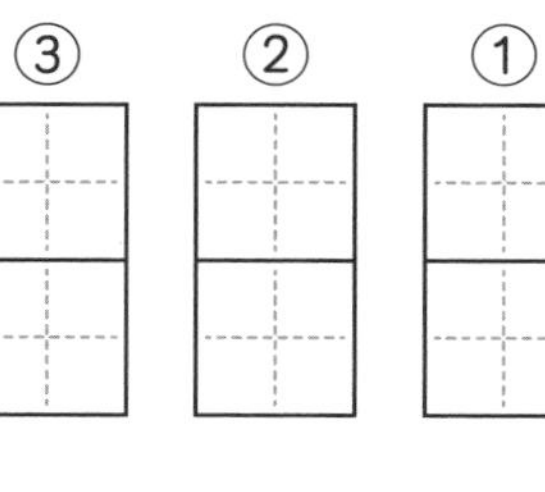
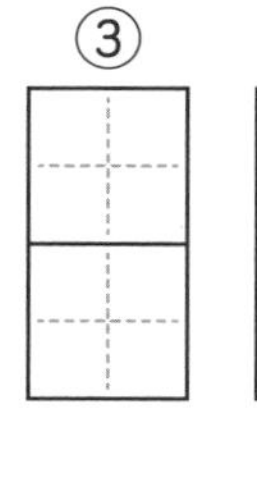

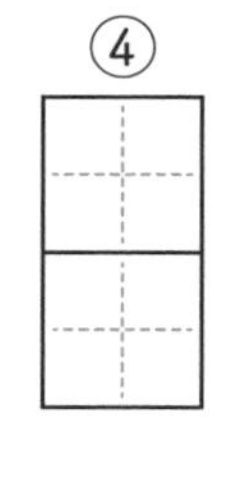
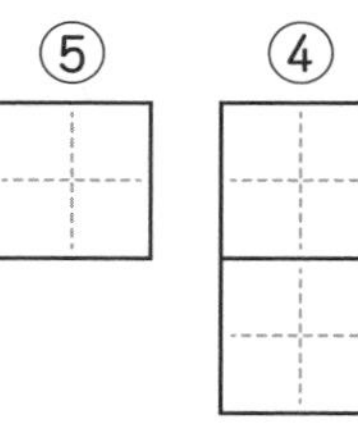
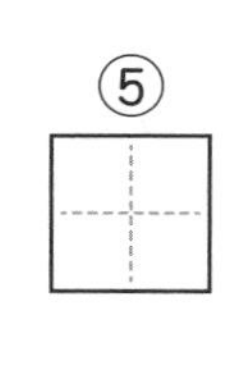
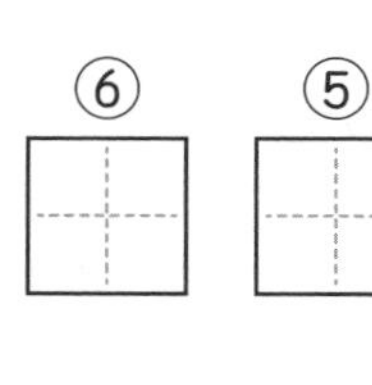
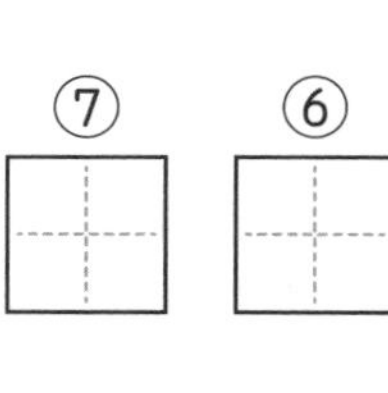
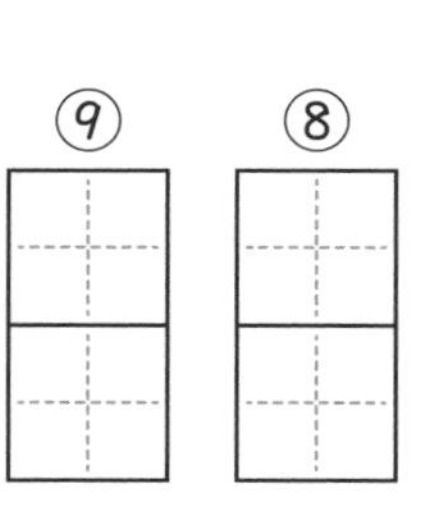
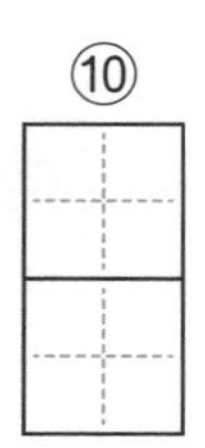
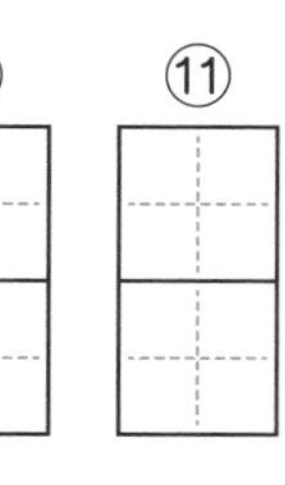
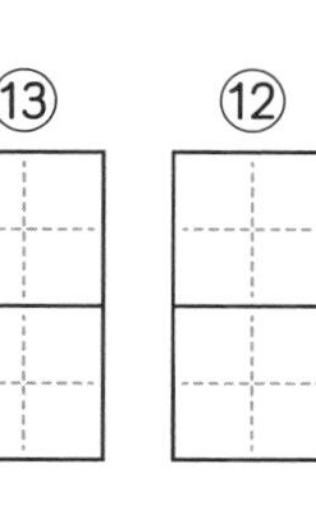
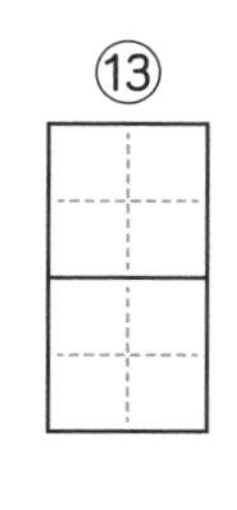
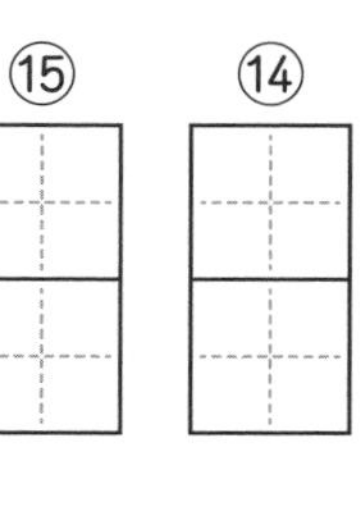
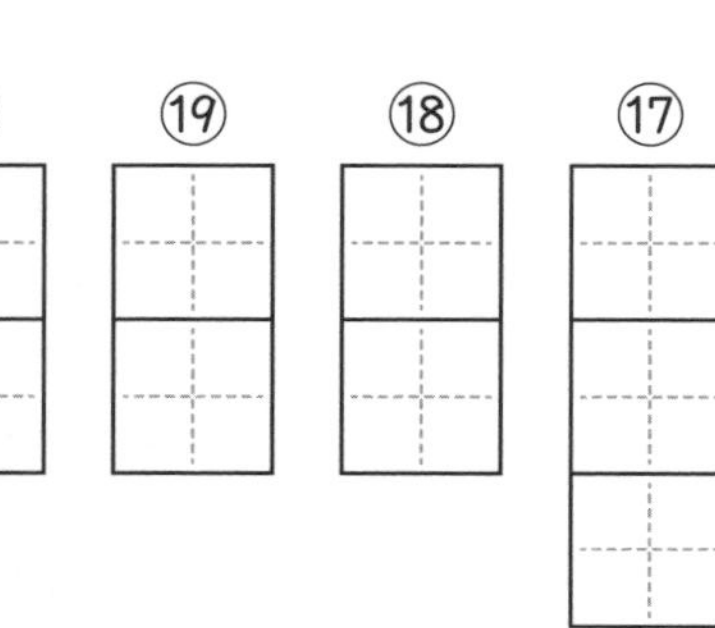
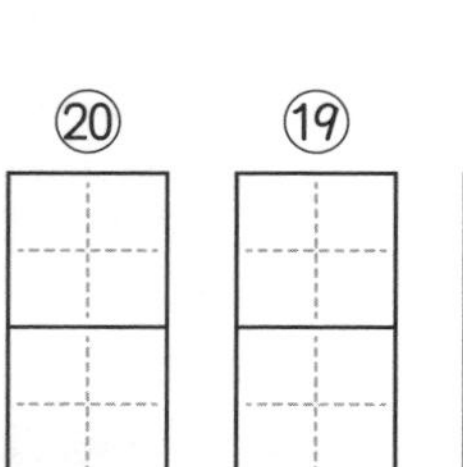

何度も取り組むために、なるべく書き込まずにノートにけテぶれをしよう。
書き込んでしまったときは解答欄を紙で隠して答えが見えないようにすれば、もう一度ノートにけテぶれができるよ。

振り返って学習の分析をしよう！ノートや練習スペースで練習しよう！

実際にけテぶれをやってみて感じた、コツや難しさなどを分析しよう。

ぶ

分析をしてみよう！

分析の例

「泉」の上は、「白」になる。「銭」の点を忘れた。

れ

練習をしよう！

テストの日を決めよう

- テストの日を自分で決めてカレンダーなどに書き込んでみよう。「ゴール」を決めることで、学習の質が上がってくるはずだよ。
- 通常、10文字を覚えるためには1週間ほど使います。なので、大テストのタイミングは、5週間後、漢字が得意な人はわかりやすく1カ月後、などがいいでしょう。
- 大計画では、2週間分の計画を立ててみましたが、このタームの最終チェックである50問テストの日を決めてしまうのもいいでしょう。

漢字学習 12

第3タームの2

今回はこれらの漢字を学習しよう。まずは指でなぞりながら、字の形や書き順を覚えよう。

音	訓
ソウ	つくる

おもな熟語	おもな使い方
創意・創作・創始・創造・創立	世界を創る／話を創作する／学校の創立者

音	訓
ソウ	まど

おもな熟語	おもな使い方
窓口・窓辺・学窓・車窓・同窓	役所の窓口／学窓を巣立つ／同窓会に出席する

+α

音	訓
ゾウ	―

おもな熟語	おもな使い方
蔵書・地蔵・貯蔵・秘蔵・冷蔵庫	知人の蔵書を借りる／穀物を貯蔵する

「蔵」という読み方もある。

+α

音	訓
ソウ	―

おもな熟語	おもな使い方
操作・操縦・体操・操業・節操	機械を操作する／準備体操をする／節操がない

「操る」「操」という読み方もある。

音	訓
ソウ	―

おもな熟語	おもな使い方
階層・客層・高層・地層・層雲	高層ビル／地層が形成される／層雲が現れる

+α

音	訓
ソウ	―

おもな熟語	おもな使い方
装置・装着・装備・改装・服装	照明の装置／武器を装備する／店の改装工事

「ショウ」という音読みや、「よそおう」という訓読みもある。

音	訓
ソン	たっとい とうとい たっとぶ とうとぶ

おもな熟語	おもな使い方
尊敬・尊厳・尊大・尊重・本尊	尊敬を集める／意見を尊重する／尊い命

音	訓
ソン ゾン	―

おもな熟語	おもな使い方
存在・現存・保存・存続・存分	存在感がある／現存しない生物／種を保存する

音	訓
ゾウ	―

おもな熟語	おもな使い方
臓器・心臓・内臓・肺臓・臓物	臓器を移植する／強心臓の持ち主／内臓の働き

読み

漢字の読みを覚えて、意味を知ろう。

何度も取り組むために、なるべく書き込まずにノートにけテぶれをしよう。

□①役所の窓口。
□②新たな世界を創る。
□③武器を装備する。
□④地層が形成される。
□⑤準備体操をする。
□⑥冷蔵庫で保管する。
□⑦臓器を移植する。
□⑧種を保存する。
□⑨意見を尊重する。
□⑩神仏を尊ぶ。

書き込んでしまったときは解答欄を紙で隠して答えが見えないようにしよう。

□⑪同窓会に出席する。
□⑫話を創作する。
□⑬店の改装工事。
□⑭高層ビル。
□⑮機械を操作する。
□⑯知人の蔵書を借りる。
□⑰内臓の働き。
□⑱存在感がある。
□⑲本尊を拝(おが)む。
□⑳尊敬を集める。

解答・解説 ▼別冊24ページ

①（　）②（　）③（　）④（　）⑤（　）⑥（　）⑦（　）⑧（　）⑨（　）⑩（　）

⑪（　）⑫（　）⑬（　）⑭（　）⑮（　）⑯（　）⑰（　）⑱（　）⑲（　）⑳（　）

「世界を創る」「宇宙を創る」などの場合は、この「創る」の字を使うんじゃ！

け 今日の意気込み・計画を書こう。

計画の例

漢字学習が楽しくなってきたから、今日は20問一気にやる。

テ 今の実力を確認しよう。次のひらがなを漢字にしよう。

1回目

2回目

3回目

解答・解説 ▼別冊24ページ

① 役所のまどぐち。

② 新たな世界をつくる。

③ 武器をそうびする。

④ ちそうが形成される。

⑤ 準備たいそうをする。

⑥ れいぞう庫で保管する。

⑦ ぞうきを移植する。

⑧ 種をほぞんする。

⑨ 意見をそんちょうする。

⑩ 神仏をとうと（たっと）ぶ。

⑪ どうそう会に出席する。

⑫ 話をそうさくする。

⑬ 店のかいそう工事。

⑭ こうそうビル。

⑮ 機械をそうさする。

⑯ 知人のぞうしょを借りる。

⑰ ないぞうの働き。

⑱ そんざい感がある。

⑲ ほんぞんを拝む。

⑳ そんけいを集める。

① ② ③ ④ ⑤ ⑥ ⑦ ⑧ ⑨ ⑩

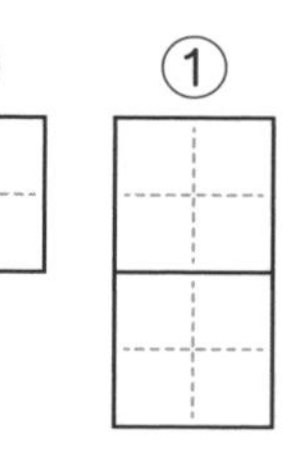

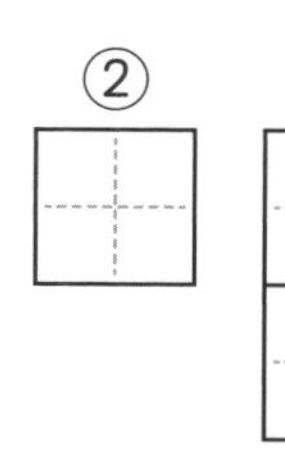

⑪ ⑫ ⑬ ⑭ ⑮ ⑯ ⑰ ⑱ ⑲ ⑳

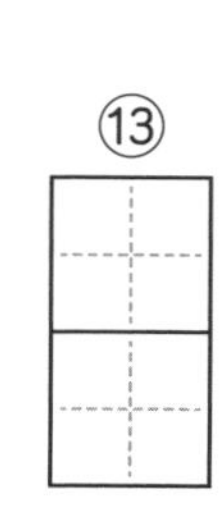

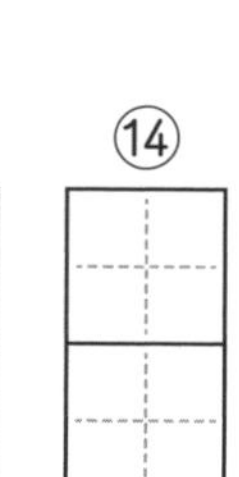

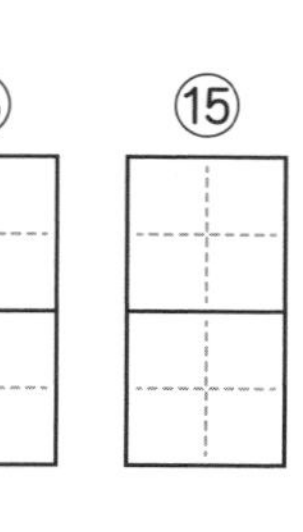

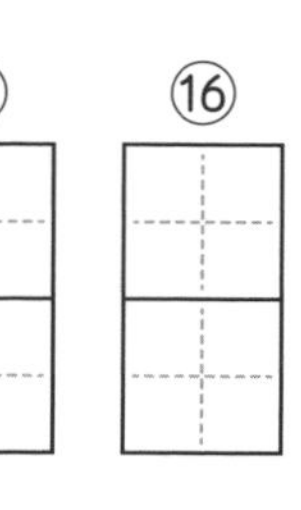

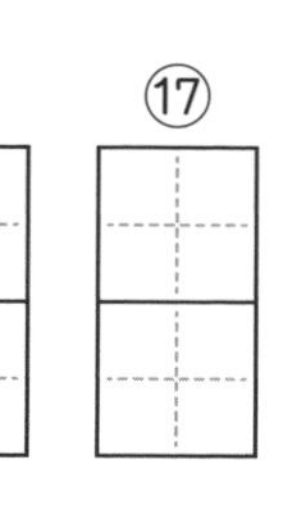

何度も取り組むために、なるべく書き込まずにノートにけテぶれをしよう。
書き込んでしまったときは解答欄を紙で隠して答えが見えないようにすれば、もう一度ノートにけテぶれができるよ。

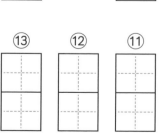

振り返って学習の分析をしよう！ノートや練習スペースで練習しよう！

実際にけテぶれをやってみて感じた、コツや難しさなどを分析しよう。

ぶ　分析をしてみよう！

分析の例

「そう」と読む漢字がいっぱいあったので、一つ一つていねいに進める。「蔵」や「臓」の書き方がよくわかっていなかった。

れ　練習をしよう！

けテぶれルーブリック

●けテぶれルーブリックで、振り返ろう。

	計画	テスト	分析	練習
☆	大計画と、今の進み具合を考えて勉強をする	自分なりのルールを決めてテストする	“＋、－、→”の理由をはっきり書く	【量×質】を意識する、たくさん練習する、図や文章で説明する
◎	テストまでの大計画を立てる	間違えた問題にチェックする	＋：よかったこと、－：ダメだったこと、→：これからどうすればよいか　を書く	【質】学習方法を工夫する、いろいろな学習方法を試す
○	目的をもった計画を立てる	正確に丸付けをする、間違いを見逃さない	やってみた結果を書く、感想を書く（くやしい、うれしいなど）	【量】たくさん練習する、苦手なところをひたすら練習する
×	目的がない、何も考えずに宿題を始める	丸付けをしない、雑に丸付けをする、答えをみる	書いていない、考えて書いていない	量が少ない、適当にする

漢字学習 13

第3タームの3

今回はこれらの漢字を学習しよう。まずは指でなぞりながら、字の形や書き順を覚えよう。

音 タイ
訓 しりぞく しりぞける
おもな熟語 退院・退化・退会・引退・後退
おもな使い方 退化した生物／選手の引退／要求を退ける

音 タク
訓 ―
おもな熟語 宅配・帰宅・在宅・自宅・住宅
おもな使い方 宅配便が届く／四時に帰宅する／自宅を出る

+α 「担ぐ」「担う」という読み方もある。

音 タン
訓 ―
おもな熟語 担当・担任・加担・負担・分担
おもな使い方 受付を担当する／負担を減らす／分担を決める

+α 「探る」という読み方もある。

音 タン
訓 さがす
おもな熟語 探求・探究・探検・探知・探訪
おもな使い方 南極を探検する／歴史探訪／落とし物を探す

音 タン
訓 ―
おもな熟語 誕生・生誕
おもな使い方 長女の誕生／誕生日を祝う／作家の生誕の地

音 ダン
訓 ―
おもな熟語 段階・段差・段落・階段・値段
おもな使い方 段落を分ける／段差につまずく／階段をのぼる

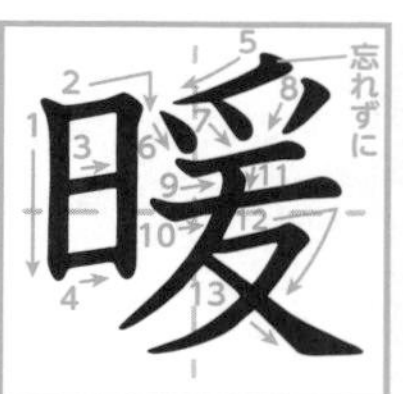

音 ダン
訓 あたたか あたたかい あたたまる あたためる
おもな熟語 暖色・暖冬・温暖・寒暖・暖気
おもな使い方 暖色のセーター／地球温暖化／暖かい日ざし

+α 「値」という読み方もある。

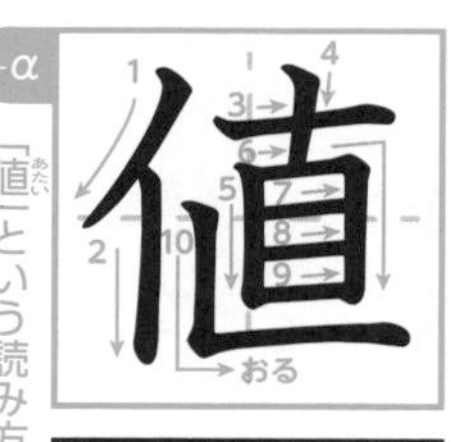

音 チ
訓 ね
おもな熟語 価値・平均値・値札・値段
おもな使い方 価値が高い／得点の平均値／値札の貼り替え

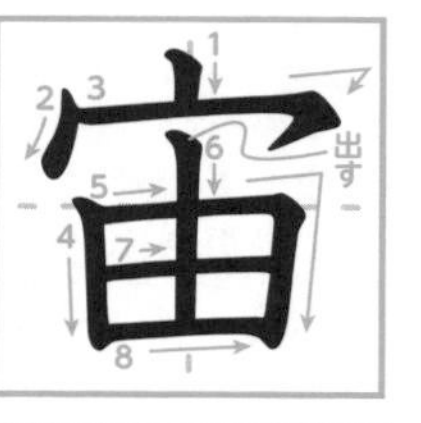

音 チュウ
訓 ―
おもな熟語 宇宙・宇宙飛行士
おもな使い方 宙返りする／宙ぶらりんな状態

読み　漢字の読みを覚えて、意味を知ろう。

何度も取り組むために、なるべく書き込まずにノートにけテぶれをしよう。

書き込んでしまったときは解答欄を紙で隠して答えが見えないようにしよう。

解答・解説 ▼別冊26ページ

□ ① 選手の引退。
□ ② 宅配便を受け取る。
□ ③ 受付を担当する。
□ ④ 落とし物を探す。
□ ⑤ 長女の誕生。
□ ⑥ 段落を分ける。
□ ⑦ 暖かい日ざし。
□ ⑧ 価値が高い。
□ ⑨ 宙ぶらりんな状態。
□ ⑩ 分担を決める。
□ ⑪ 要求を退ける。
□ ⑫ 四時に帰宅する。
□ ⑬ 負担を減らす。
□ ⑭ 南極を探検する。
□ ⑮ 作家の生誕の地。
□ ⑯ 階段をのぼる。
□ ⑰ 暖色のセーター。
□ ⑱ 値札の貼り替え。
□ ⑲ 宙返りして着地する。
□ ⑳ クラス担任の先生。

① (　　) ② (　　) ③ (　　) ④ (　　) ⑤ (　　) ⑥ (　　) ⑦ (　　) ⑧ (　　) ⑨ (　　) ⑩ (　　)

⑪ (　　) ⑫ (　　) ⑬ (　　) ⑭ (　　) ⑮ (　　) ⑯ (　　) ⑰ (　　) ⑱ (　　) ⑲ (　　) ⑳ (　　)

「探訪」は読み方に気を付けるのよ。

け 今日の意気込み・計画を書こう。

計画の例
今日は「量」より「質」に注目して学習する。

テ 今の実力を確認しよう。次のひらがなを漢字にしよう。

1回目　2回目　3回目

解答・解説 ▼別冊26ページ

① 選手のいんたい。
② たくはい便を受け取る。
③ 受付をたんとうする。
④ 落とし物をさがす。
⑤ 長女のたんじょう。
⑥ だんらくを分ける。
⑦ あたたかい日ざし。
⑧ かちが高い。
⑨ ちゅうぶらりんな状態。
⑩ ぶんたんを決める。
⑪ 要求をしりぞける。
⑫ 四時にきたくする。
⑬ ふたんを減らす。
⑭ 南極をたんけんする。
⑮ 作家のせいたんの地。
⑯ かいだんをのぼる。
⑰ だんしょくのセーター。
⑱ ねふだの貼り替え。
⑲ ちゅうがえりして着地する。
⑳ クラスたんにんの先生。

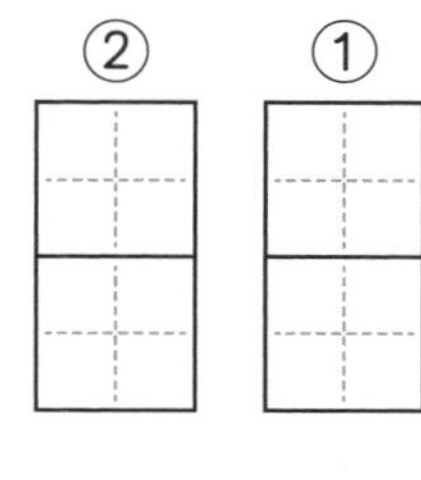
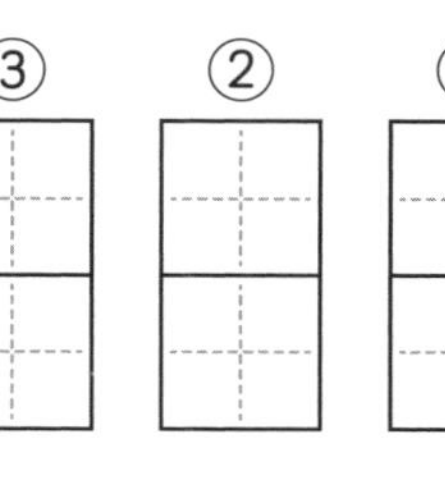
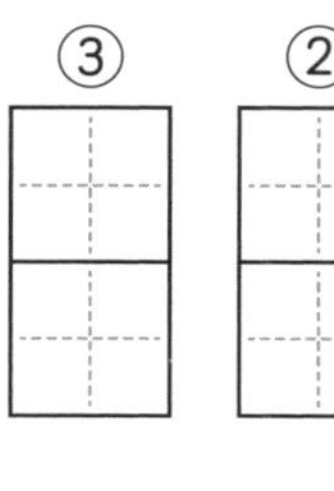
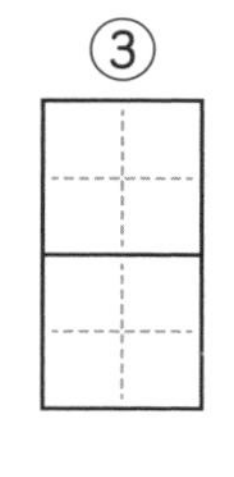
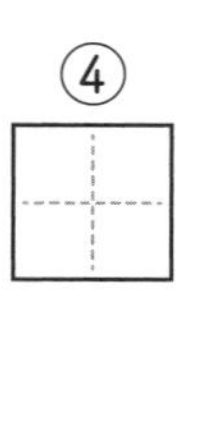
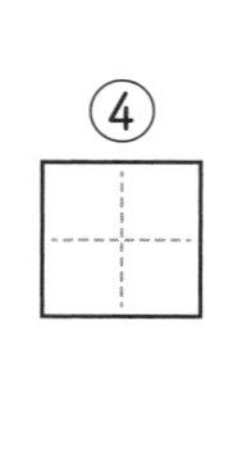
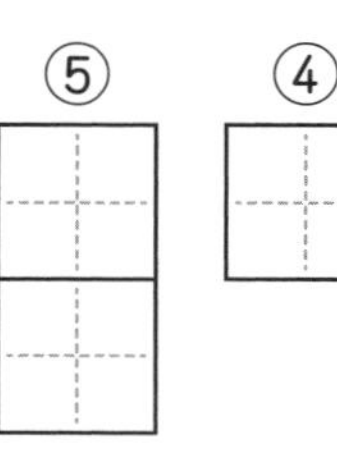
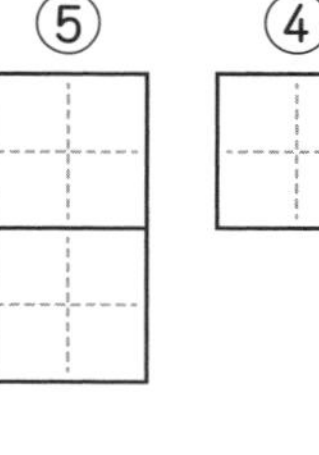
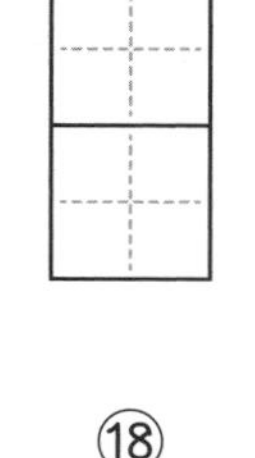
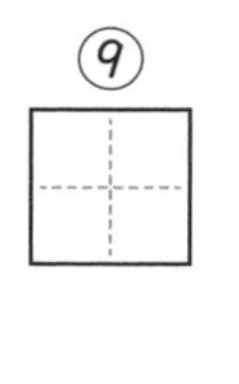
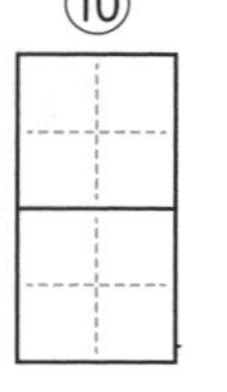
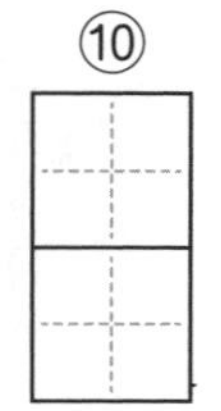
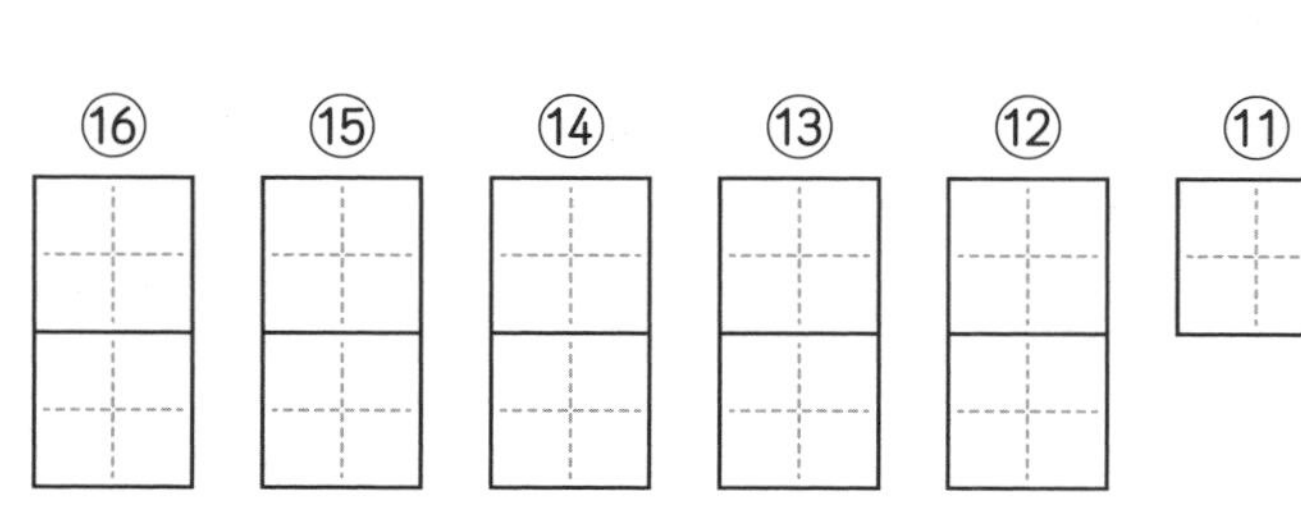
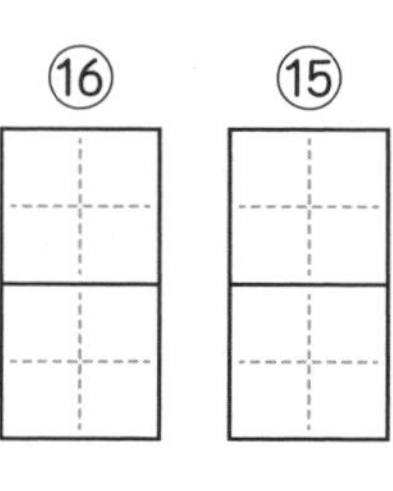
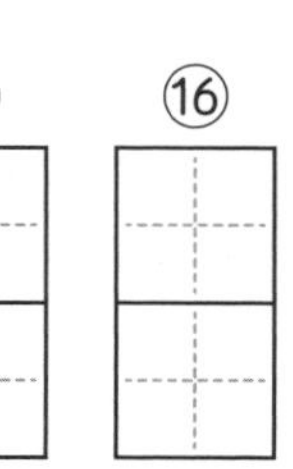
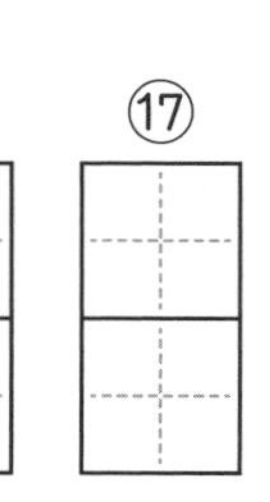
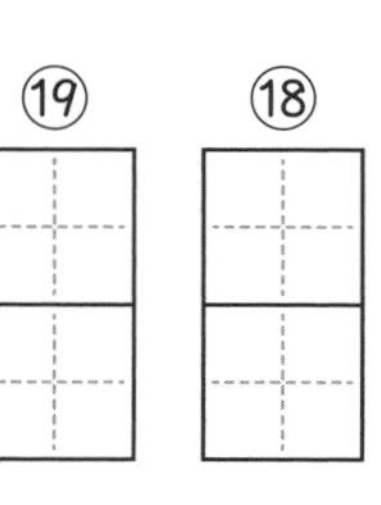
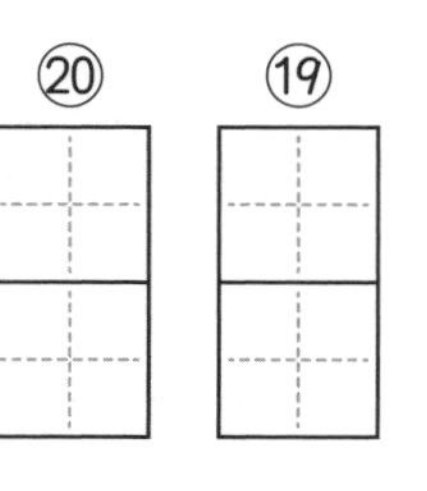

何度も取り組むために、なるべく書き込まずにノートにけテぶれをしよう。
書き込んでしまったときは解答欄を紙で隠して答えが見えないようにすれば、もう一度ノートにけテぶれができるよ。

振り返って学習の分析をしよう！ノートや練習スペースで練習しよう！

実際にけテぶれをやってみて感じた、コツや難しさなどを分析しよう。

ぶ

分析をしてみよう！

分析の例

「段」や「暖」など、形に注意が必要な漢字が多かった。

れ

練習をしよう！

練習の新しい方法にチャレンジ

- 「練習」の方法から、どんどん新しいことにチャレンジしてみよう。
- 絵を描く、語呂合わせをつくる、部首に着目する、などいろいろな学習の方法があるはずだよ。
- 座って勉強するだけじゃなくてもいいはずだよね。歩いて音読をしてみたり、いつもと違う場所、違う時間でやってみたり。
- やる気が出ないときこそ「変化」を加えよう！

漢字学習［14］

第３タームの４

今回はこれらの漢字を学習しよう。まずは指でなぞりながら、字の形や書き順を覚えよう。

著

+α「著（あらわ）す」「著（いちじる）しい」という読み方もある。

音	訓
チョ	―

- おもな熟語：著作（ちょさく）・著者（ちょしゃ）・著書（ちょしょ）・共著（きょうちょ）・名著（めいちょ）
- おもな使い方：著作集を並べる／著者の対談録／名著を読む

忠

音	訓
チュウ	―

- おもな熟語：忠告（ちゅうこく）・忠実（ちゅうじつ）・忠義（ちゅうぎ）・不忠（ふちゅう）
- おもな使い方：忠告を聞く／忠実な再現／不忠な行動をとる

潮

音	訓
チョウ	しお

- おもな熟語：潮流（ちょうりゅう）・満潮（まんちょう）・潮風（しおかぜ）・黒潮（くろしお）
- おもな使い方：潮流に乗る／満潮をむかえる／潮風がふく

腸

音	訓
チョウ	―

- おもな熟語：腸内環境（ちょうないかんきょう）・胃腸（いちょう）・大腸（だいちょう）
- おもな使い方：腸内環境を整える／大腸が正常に働く

頂

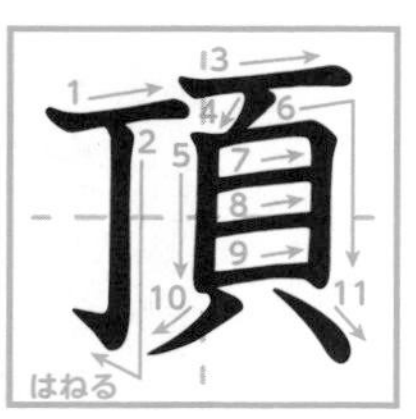

音	訓
チョウ	いただく いただき

- おもな熟語：頂上（ちょうじょう）・山頂（さんちょう）・登頂（とうちょう）・絶頂（ぜっちょう）
- おもな使い方：山の頂上の景色／幸福の絶頂／本を頂（いただ）く

庁

音	訓
チョウ	―

- おもな熟語：庁舎（ちょうしゃ）・官庁（かんちょう）・警視庁（けいしちょう）・県庁（けんちょう）
- おもな使い方：庁舎で手続きをする／県庁所在地を覚える

敵

+α「敵（かたき）」という読み方もある。

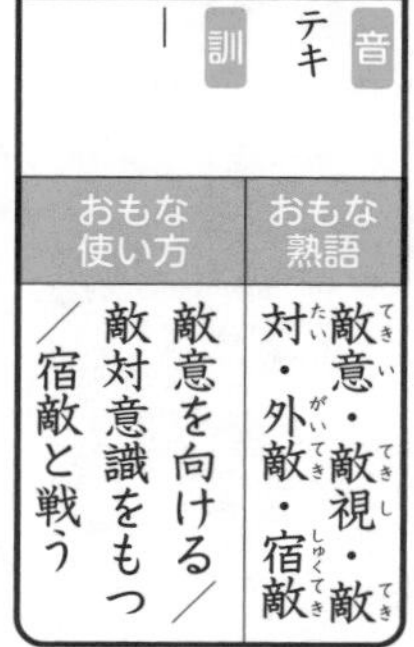

音	訓
テキ	―

- おもな熟語：敵意（てきい）・敵視（てきし）・敵対（てきたい）・外敵（がいてき）・宿敵（しゅくてき）
- おもな使い方：敵意を向ける／敵対意識をもつ／宿敵と戦う

痛

音	訓
ツウ	いたい いたむ いためる

- おもな熟語：痛快（つうかい）・痛感（つうかん）・苦痛（くつう）・悲痛（ひつう）・痛手（いたで）
- おもな使い方：苦痛を味わう／痛手を負う／頭が痛い

賃

音	訓
チン	―

- おもな熟語：賃金（ちんぎん）・運賃（うんちん）・手間賃（てまちん）・家賃（やちん）・船賃（ふなちん）
- おもな使い方：賃金が上がる／バスの運賃表／家賃を納める

読み

漢字の読みを覚えて、意味を知ろう。

何度も取り組むためになるべく書き込まずにノートにけテぶれをしよう。

書き込んでしまったときは解答欄を紙で隠して答えが見えないようにしよう。

解答・解説

▼別冊28ページ

□ ① 忠実な再現。
□ ② 著者の対談録。
□ ③ 県庁所在地を覚える。
□ ④ 山の頂上の景色。
□ ⑤ 腸内環境を整える。
□ ⑥ 潮風がふく。
□ ⑦ 賃金が上がる。
□ ⑧ 苦痛を味わう。
□ ⑨ 宿敵と戦う。
□ ⑩ 悲痛な表情。

□ ⑪ 忠告を聞く。
□ ⑫ 名著を読む。
□ ⑬ 庁舎で手続きをする。
□ ⑭ 幸福の絶頂にある。
□ ⑮ 大腸が正常に働く。
□ ⑯ 満潮をむかえる。
□ ⑰ 家賃をはらう。
□ ⑱ 痛手を負う。
□ ⑲ 敵意を向ける。
□ ⑳ 心が痛む。

① (　　)
② (　　)
③ (　　)
④ (　　)
⑤ (　　)
⑥ (　　)
⑦ (　　)
⑧ (　　)
⑨ (　　)
⑩ (　　)

⑪ (　　)
⑫ (　　)
⑬ (　　)
⑭ (　　)
⑮ (　　)
⑯ (　　)
⑰ (　　)
⑱ (　　)
⑲ (　　)
⑳ (　　)

順調に進んでいるかしら。後半もがんばりましょ。

け 今日の意気込み・計画を書こう。

計画の例
今日は普段と違った場所で勉強してみる！

テ 今の実力を確認しよう。次のひらがなを漢字にしよう。

1回目
2回目
3回目

解答・解説 ▼別冊28ページ

① ちゅうじつな再現。
② ちょしゃの対談録。
③ けんちょう所在地を覚える。
④ 山のちょうじょうの景色。
⑤ ちょうない環境を整える。
⑥ しおかぜがふく。
⑦ ちんぎんが上がる。
⑧ くつうを味わう。
⑨ しゅくてきと戦う。
⑩ ひつうな表情。
⑪ ちゅうこくを聞く。
⑫ めいちょを読む。
⑬ ちょうしゃで手続きをする。
⑭ 幸福のぜっちょうにある。
⑮ だいちょうが正常に働く。
⑯ まんちょうをむかえる。
⑰ やちんをはらう。
⑱ いたでを負う。
⑲ てきいを向ける。
⑳ 心がいたむ。

① ② ③ ④ ⑤ ⑥ ⑦ ⑧ ⑨ ⑩

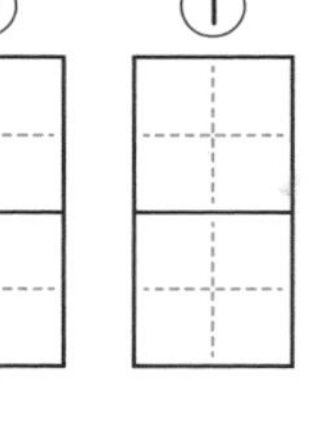
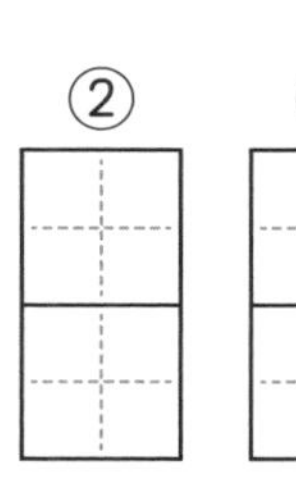
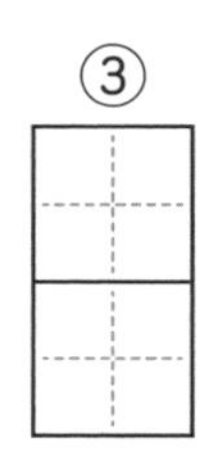
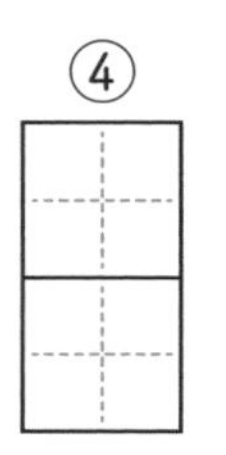
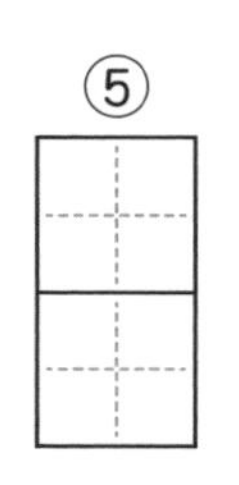
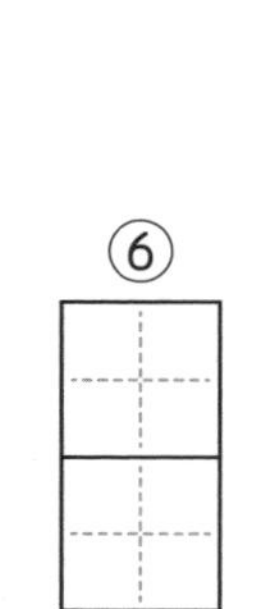

⑪ ⑫ ⑬ ⑭ ⑮ ⑯ ⑰ ⑱ ⑲ ⑳

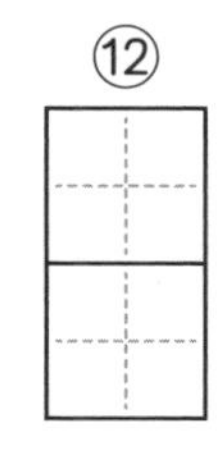
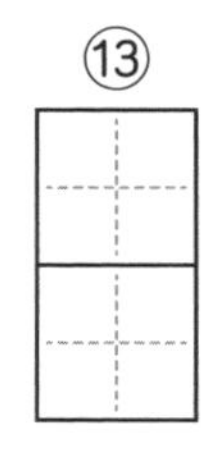
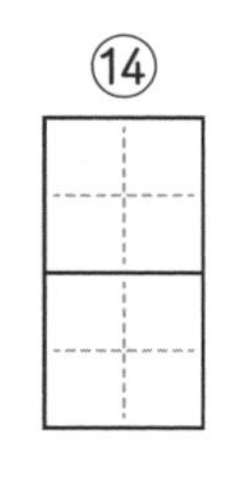
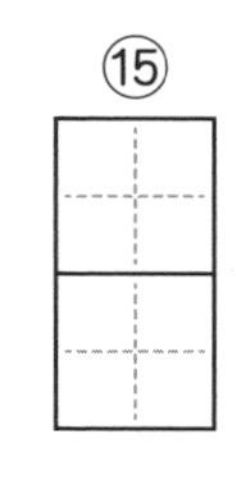
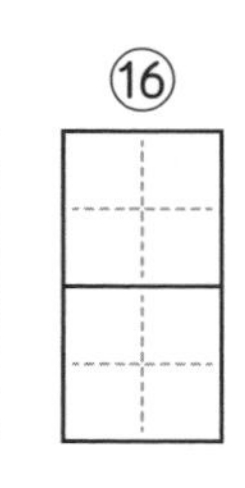
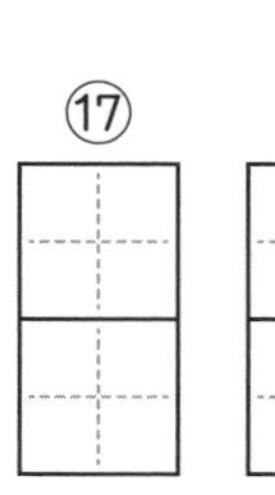
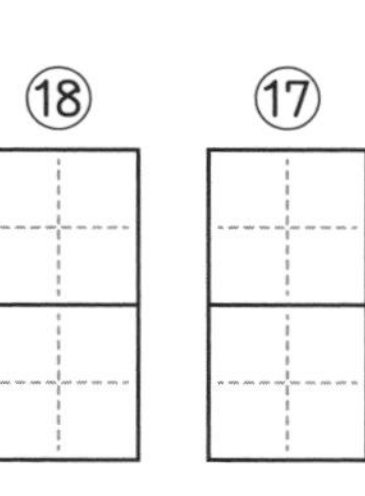
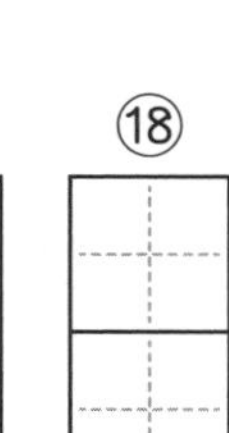
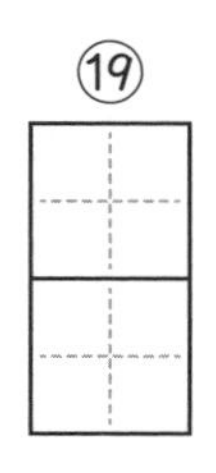
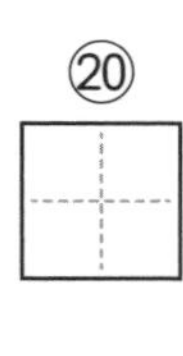

何度も取り組むために、なるべく書き込まずにノートにけテぶれをしよう。
書き込んでしまったときは解答欄を紙で隠して答えが見えないようにすれば、もう一度ノートにけテぶれができるよ。

振り返って学習の分析をしよう！ノートや練習スペースで練習しよう！

実際にけテぶれをやってみて感じた、コツや難しさなどを分析しよう。

計画・分析の新しい視点にチャレンジ

● 「計画・分析」では、WHATとHOW、内容と方法に着目しよう。
WHAT：今日は何をやるか、何をやったか。
HOW：今日はどうやって勉強するか、どうやって勉強したか。

WHAT：今日は①～⑩までを10分以内でやる！今日はもう3日目なので①～⑳までをやって、3問間違いまででおさえる！
HOW：いつも丸付けを間違えてしまうので、今日は答えをよく見てゆっくり丸付けをする！

ぶ

分析をしてみよう！

分析の例
「腸」が全然書けなかった。「痛」を何度も間違えたので練習する。

れ

練習をしよう！

漢字学習［15］

第３タームの５

今回はこれらの漢字を学習しよう。まずは指でなぞりながら、字の形や書き順を覚えよう。

討

+α 「討つ」という読み方もある。

音	訓
トウ	―

おもな熟語：討議・討伐・討論・検討

おもな使い方：討議を重ねる／討論会／改善策を検討する

展

音	訓
テン	―

おもな熟語：展示・展望・展覧会・進展・発展

おもな使い方：写真を展示する／展望がよい／話が発展する

難

+α 「難い」という読み方もある。「言い難い」など。

音	訓
ナン	むずかしい

おもな熟語：難易・難解・難民・困難・非難

おもな使い方：難民の受け入れ／非難を受ける／難しい数式

届

音	訓
―	とどける とどく

おもな熟語：届け先・届け出

おもな使い方：荷物の届け先／届け出をする／注文品が届く

糖

音	訓
トウ	―

おもな熟語：糖質・糖度・糖分・砂糖・血糖

おもな使い方：糖度が高い果物／紅茶に砂糖を入れる／血糖値

党

音	訓
トウ	―

おもな熟語：政党・党首・党派・悪党・徒党

おもな使い方：政党の公約／悪党をつかまえる／徒党を組む

納

+α 「ナッ」「ナ」「ナン」「トウ」という読み方もある。

音	訓
ノウ	おさめる おさまる

おもな熟語：納税・納入・納品・収納・格納

おもな使い方：納入した商品／小物を収納する／会費を納める

認

+α 「ニン」という読み方もある。

音	訓
―	みとめる

おもな熟語：確認・認識・承認・否認・認可

おもな使い方：認め印を押す／負けを認める／世に認められる

乳

+α 「乳飲み子」という読み方もある。

音	訓
ニュウ	ちち

おもな熟語：乳歯・乳児・牛乳・母乳

おもな使い方：乳歯が生える／牛乳を飲む／乳を吸う赤ん坊

読み

漢字の読みを覚えて、意味を知ろう。

何度も取り組むために、なるべく書き込まずにノートにけテぶれをしよう。

書き込んでしまったときは解答欄を紙で隠して答えが見えないようにしよう。

1回目 2回目 3回目

解答・解説 ▼別冊30ページ

□ ① 写真を展示する。
□ ② 案を検討する。
□ ③ 政党の公約。
□ ④ 紅茶に砂糖を入れる。
□ ⑤ 注文品が届く。
□ ⑥ 難しい数式。
□ ⑦ 牛乳を飲む。
□ ⑧ 負けを認める。
□ ⑨ 会費を納める。
□ ⑩ 納入した商品。

□ ⑪ 話が発展する。
□ ⑫ 討議を重ねる。
□ ⑬ 徒党を組む。
□ ⑭ 糖度が高い果物。
□ ⑮ 荷物の届け先。
□ ⑯ 非難を受ける。
□ ⑰ 乳を吸う赤ん坊。
□ ⑱ 認め印を押す。
□ ⑲ 小物を収納する。
□ ⑳ 飛行機を格納する。

① (　　) ② (　　) ③ (　　) ④ (　　) ⑤ (　　) ⑥ (　　) ⑦ (　　) ⑧ (　　) ⑨ (　　) ⑩ (　　)

⑪ (　　) ⑫ (　　) ⑬ (　　) ⑭ (　　) ⑮ (　　) ⑯ (　　) ⑰ (　　) ⑱ (　　) ⑲ (　　) ⑳ (　　)

「納」は読み方が多いけどぉ～、区別できるようになりましょうねぇ～。

け 今日の意気込み・計画を書こう。

計画の例
今日は練習に時間をかける。
①〜⑩を徹底的に練習する。

テ 今の実力を確認しよう。次のひらがなを漢字にしよう。

1回目
2回目
3回目

解答・解説 ▼別冊30ページ

① 写真をてんじする。
② 案をけんとうする。
③ せいとうの公約。
④ 紅茶にさとうを入れる。
⑤ 注文品がとどく。
⑥ むずかしい数式。
⑦ ぎゅうにゅうを飲む。
⑧ 負けをみとめる。
⑨ 会費をおさめる。
⑩ のうにゅうした商品。
⑪ 話がはってんする。
⑫ とうぎを重ねる。
⑬ ととうを組む。
⑭ とうどが高い果物。
⑮ 荷物のとどけ先。
⑯ ひなんを受ける。
⑰ ちちを吸う赤ん坊。
⑱ みとめ印を押す。
⑲ 小物をしゅうのうする。
⑳ 飛行機をかくのうする。

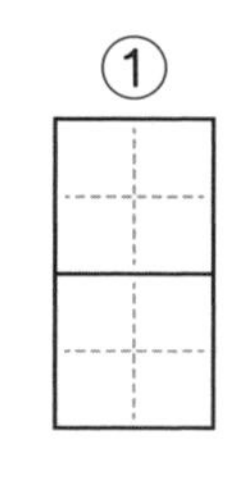
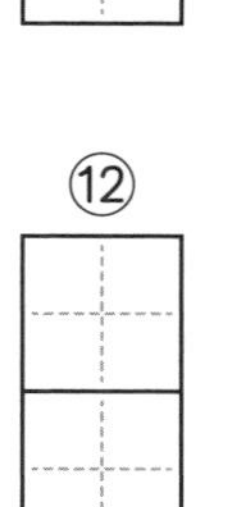
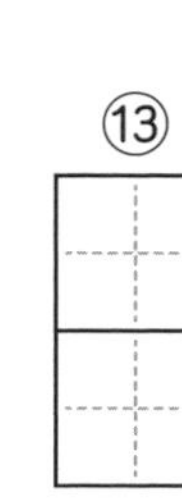
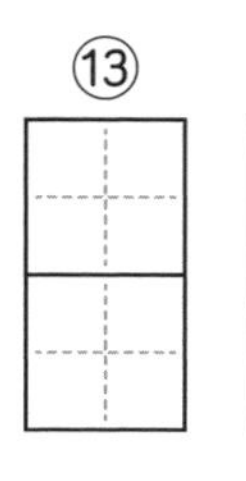
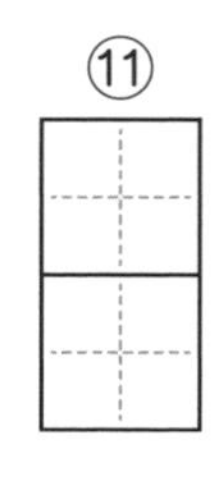
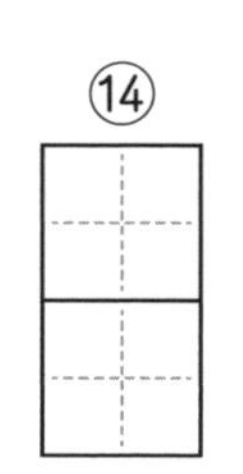
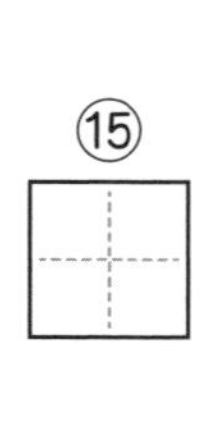
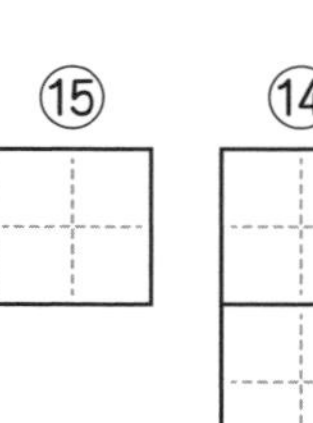
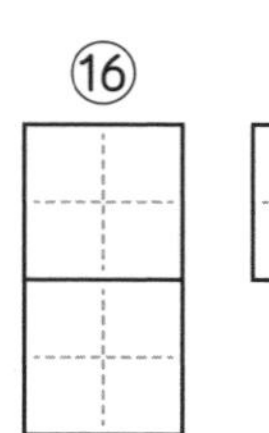
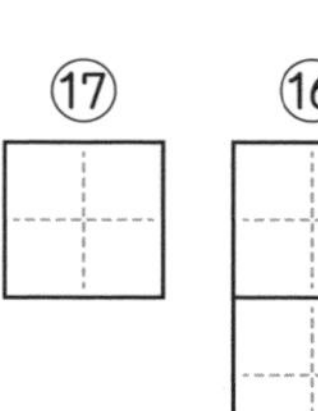
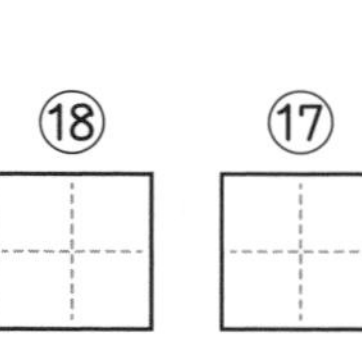
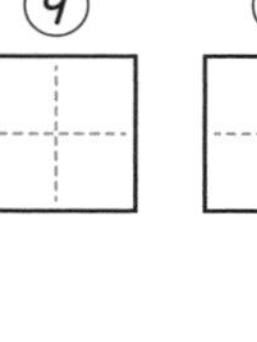
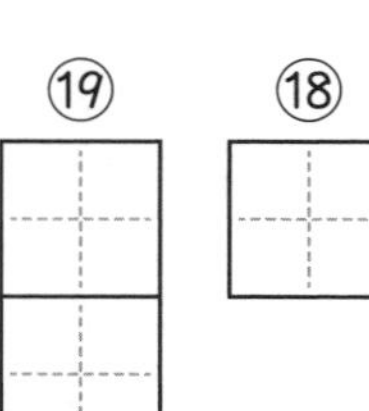
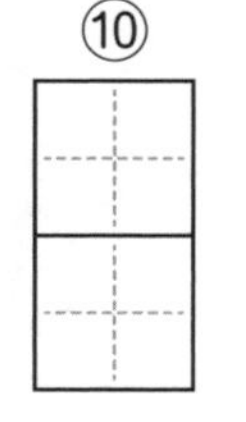
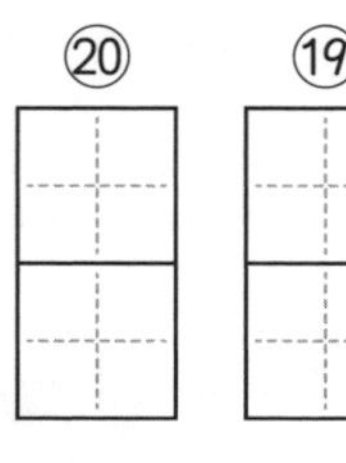

何度も取り組むために、なるべく書き込まずにノートにけテぶれをしよう。
書き込んでしまったときは解答欄を紙で隠して答えが見えないようにすれば、もう一度ノートにけテぶれができるよ。

振り返って学習の分析をしよう！ノートや練習スペースで練習しよう！

実際にけテぶれをやってみて感じた、コツや難しさなどを分析しよう。

ぶ

分析をしてみよう！

分析の例

「難」の形を「勤」と間違えた。とめはねはらいで間違いが目立ったので、気を付ける。

れ

練習をしよう！

練習で賢くなる

● 「練習」を飛ばさないようにしよう。けテぶれに慣れてきたり、テストの結果がよかったりすると、つい「練習」がおろそかになりがちだ。でも、けテぶれは「練習」で賢くなる。今より賢くなるのが勉強だ！

不安な漢字

のテスト

1 漢字の読み方を書こう。

何度も取り組むために、なるべく書き込まずにノートで練習しよう。

解答 ▶別冊43ページ

①名著を読む。
②高層ビル。
③洗練された印象。
④宿敵と戦う。
⑤段落を分ける。
⑥会費を納める。
⑦腸内環境(かんきょう)を整える。
⑧舌足らずな口調。
⑨宙返りして着地する。
⑩草木染めの材料。
⑪同窓会に出席する。
⑫値札の貼(は)り替(か)え。
⑬難しい数式。
⑭善良な行い。
⑮満潮をむかえる。
⑯臓器を移植する。
⑰種を保存する。
⑱家賃をはらう。
⑲落とし物を探す。
⑳紅茶(こうちゃ)に砂糖を入れる。
㉑忠誠心が強い。
㉒写真を展示する。
㉓機械を操作する。
㉔忠告を聞く。
㉕フルート奏者。
㉖徒党を組む。
㉗知人の蔵書を借りる。
㉘作家の生誕の地。
㉙武器を装備する。
㉚泉の水をくむ。
㉛庁舎で手続きをする。
㉜負担を減らす。
㉝乳を吸(す)う赤ん坊(ぼう)。
㉞要求を退ける。
㉟注文品が届く。
㊱学業に専念する。
㊲痛手を負う。
㊳新たな世界を創る。
㊴討議を重ねる。
㊵暖色のセーター。
㊶銭湯に寄る。
㊷幸福の絶頂にある。
㊸本尊を拝(おが)む。
㊹認め印を押(お)す。
㊺病名を宣告される。
㊻宅配便を受け取る。
㊼神仏を尊ぶ。
㊽分担を決める。
㊾悲痛な表情。
㊿飛行機を格納する。

第3ターム

2 漢字にして書こう。

何度も取り組むために、なるべく書き込まずにノートで練習しよう。

解答 ▼別冊43ページ

① ちょしゃの対談録。
② れいぞう庫での保管。
③ 商品をせんでんする。
④ 案をけんとうする。
⑤ 役所のまどぐち。
⑥ しおかぜがふく。
⑦ 四時にきたくする。
⑧ 荷物のとどけ先。
⑨ せいじつに対応する。
⑩ あたたかい日ざし。
⑪ きんせん感覚。
⑫ 店のかいそう工事。
⑬ 話がはってんする。
⑭ 受付をたんとうする。
⑮ 手をあらう。
⑯ ちゅうじつな再現。
⑰ 長女のたんじょう。
⑱ えんそう会を開く。
⑲ くつうを味わう。
⑳ 準備たいそうをする。
㉑ せいとうの公約。
㉒ せんもんの知識。
㉓ 南極をたんけんする。
㉔ けんちょう所在地。
㉕ ないぞうの働き。
㉖ さいぜんのやり方。
㉗ 負けをみとめる。
㉘ 話をそうさくする。
㉙ ちんぎんが上がる。
㉚ したさきで味わう。
㉛ とうどが高い果物（くだもの）。
㉜ 選手のいんたい。
㉝ てきいを向ける。
㉞ そんけいを集める。
㉟ ぎゅうにゅうを飲む。
㊱ 布をそめる。
㊲ ちゅうぶらりん。
㊳ だいちょうが働く。
㊴ ちそうが形成される。
㊵ 小物のしゅうのう。
㊶ かちが高い。
㊷ ひなんを受ける。
㊸ おんせんにつかる。
㊹ ちょうじょうの景色。
㊺ かいだんをのぼる。
㊻ そんざい感がある。
㊼ 意見のそんちょう。
㊽ クラスのたんにん。
㊾ 心がいたむ。
㊿ のうにゅうした商品。

振り返って、学習の大分析をしよう。次の学習の計画を立てよう。

第３タームは「質」の向上がテーマだったわね。うまくできたかしら？　「あなた自身のこと」についてだんだんわかってきたかしら。

＋：うまくいったこと・成長したこと	－：うまくいかなかったこと・失敗したこと	→：次はどうするか

実際にけテぶれをやってみて感じた、コツや難しさなどを分析しよう。

いい結果からも悪い結果からも、情報を抜き出そう

テストで間違えたところがあれば、そこを分析することで、次の学習をパワーアップさせられるね。

でも、いつも失敗ばかりに目を向けていると、気持ちが沈んでくるよね。分析は結果の、いい面と悪い面の両方に目を向けてみよう。

特に、タームテストで80点以上（100問中80問正解）とれたら、合格だよ。日々の漢字練習のけテぶれページでの合格点は、90点（20問中18問正解）に設定してみよう。

合格できたときは、自分を思いっきり褒めてあげよう。＋の欄に、「さすがワタシ！」とか「ぼく天才！」と書いてみて。するとなんだか気持ちが軽くなるでしょ？　成功からは勉強のエネルギーがもらえるんだ。

大分析をふまえて、次の学習のための大計画を書こう。

50問テスト（タームテスト）を

〈　月　日（　）〉にやります。

第３タームで、だんだん自分に最適な学習のペースがわかってきたかな？　ここでは一気に次のタームの最後の50問テスト（タームテスト）の日を決めて、そこまでの学習をデザインしてみよう。50問テストまでには、５つのけテぶれゾーン（５つのセット）をクリアする必要があるね。今までの自分の学習を振り返って、どのくらいのペースですすめられるといいだろう？

だいたい１カ月前後で、学習を仕上げられるといいね。ここまで大きな計画を立てるとなると、上の欄では少し小さいかもしれないね。おうちのカレンダーやスマホのスケジュールアプリなんかを活用するといいよ。ノートにでっかく書いてもいいんだよ。

漢字学習 [16]

第４タームの１

今回はこれらの漢字を学習しよう。まずは指でなぞりながら、字の形や書き順を覚えよう。

音 ノウ

訓 ―

おもな熟語：頭脳・大脳・脳天・脳波・首脳

おもな使い方：頭脳をきたえる／脳天から声を出す／首脳会議

音 ハ

訓 ―

おもな熟語：派生・派手・学派・分派・流派

おもな使い方：派手な服を着る／学派が異なる／空手の流派

音 ハイ

訓 おがむ

おもな熟語：拝見・拝観・参拝・礼拝・拝読

おもな使い方：寺を拝観する／神を礼拝する／神仏を拝む

+α 「背く」「背ける」という読み方もある。

音 ハイ

訓 せ　せい

おもな熟語：背景・背後・背筋・背中・背広

おもな使い方：人物を引き立てる背景／背負い投げ／背比べ

音 ハイ

訓 ―

おもな熟語：肺活量・肺臓・肺病・心肺

おもな使い方：肺活量を計る／肺病にかかる／心肺が停止する

音 ハイ

訓 ―

おもな熟語：俳句・俳人・俳優・俳文・俳画

おもな使い方：俳句をつくる／名を残した俳人／人気俳優

音 ハン

訓 ―

おもな熟語：班員・班長・一班・救護班

おもな使い方：班員を集める／班長が仕切る／救護班が来る

音 バン

訓 ―

おもな熟語：晩夏・晩年・晩飯・今晩・毎晩

おもな使い方：晩年に書かれた作品／今晩の予定／毎晩の習慣

+α 「否」という読み方もある。

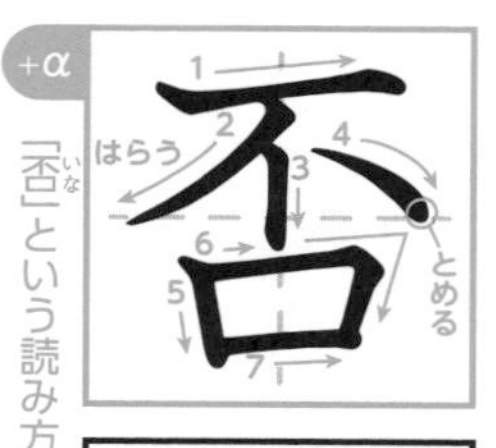

音 ヒ

訓 ―

おもな熟語：否定・否認・安否・合否・賛否

おもな使い方：否定的な意見／安否を確かめる／試験の合否

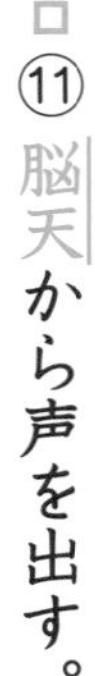

読み 漢字の読みを覚えて、意味を知ろう。

何度も取り組むために、なるべく書き込まずにノートにけテぶれをしよう。

書き込んでしまったときは解答欄を紙で隠して答えが見えないようにしよう。

1回目　2回目　3回目

解答・解説 ▼別冊32ページ

□ ① 頭脳をきたえる。
□ ② 派手な服を着る。
□ ③ 神仏を拝む。
□ ④ 背を向ける。
□ ⑤ 肺病にかかる。
□ ⑥ 俳句をつくる。
□ ⑦ 班長が仕切る。
□ ⑧ 毎晩の習慣。
□ ⑨ 試験の合否。
□ ⑩ 父の背広。
□ ⑪ 脳天から声を出す。
□ ⑫ 空手の流派。
□ ⑬ 寺を拝観する。
□ ⑭ 人物を引き立てる背景。
□ ⑮ 心肺が停止する。
□ ⑯ 人気俳優の映画。
□ ⑰ 救護班が来る。
□ ⑱ 晩年に書かれた作品。
□ ⑲ 否定的な意見。
□ ⑳ 背負い投げをする。

①（　）②（　）③（　）④（　）⑤（　）⑥（　）⑦（　）⑧（　）⑨（　）⑩（　）
⑪（　）⑫（　）⑬（　）⑭（　）⑮（　）⑯（　）⑰（　）⑱（　）⑲（　）⑳（　）

「合否」は反対の意味の漢字の組み合わせです。

け 今日の意気込み・計画を書こう。

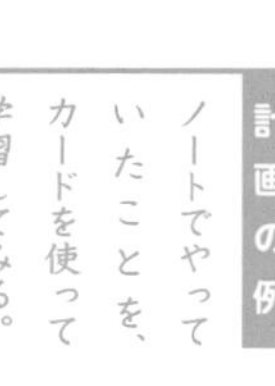

計画の例
ノートでやっていたことを、カードを使って学習してみる。

テ 今の実力を確認しよう。次のひらがなを漢字にしよう。

1回目　2回目　3回目

解答・解説 ▼別冊32ページ

① ずのうをきたえる。
② はでな服を着る。
③ 神仏をおがむ。
④ せを向ける。
⑤ はいびょうにかかる。
⑥ はいくをつくる。
⑦ はんちょうが仕切る。
⑧ まいばんの習慣。
⑨ 試験のごうひ。
⑩ 父のせびろ。
⑪ のうてんから声を出す。
⑫ 空手のりゅうは。
⑬ 寺をはいかんする。
⑭ 人物を引き立てるはいけい。
⑮ しんぱいが停止する。
⑯ 人気はいゆうの映画。
⑰ きゅうごはんが来る。
⑱ ばんねんに書かれた作品。
⑲ ひてい的な意見。
⑳ せおい投げをする。

① ② ③ ④ ⑤ ⑥ ⑦ ⑧ ⑨ ⑩

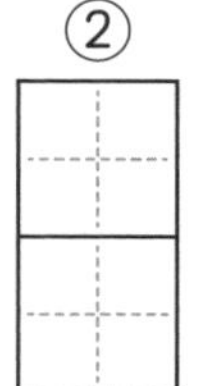
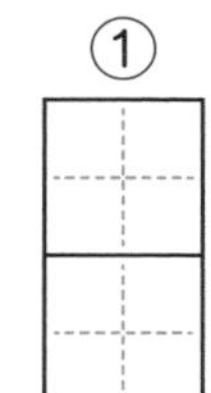
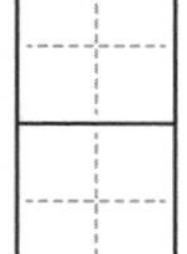
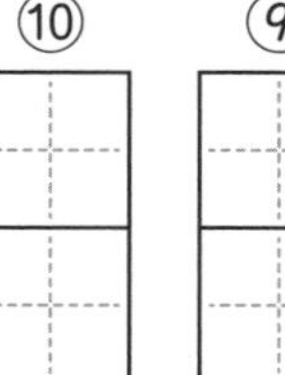

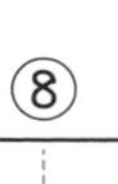
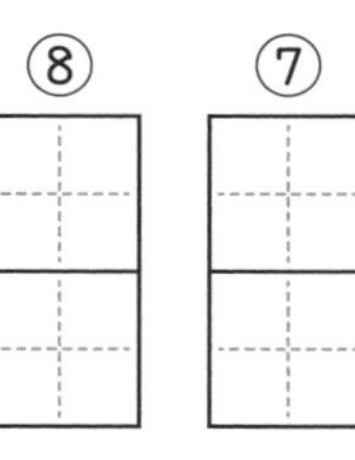
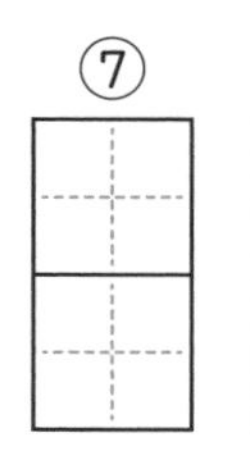
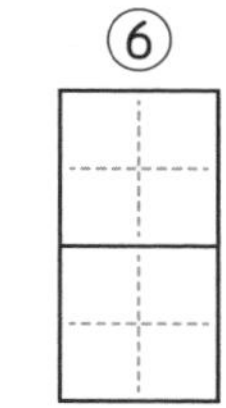
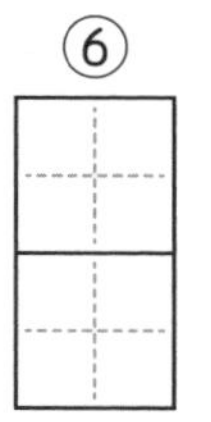

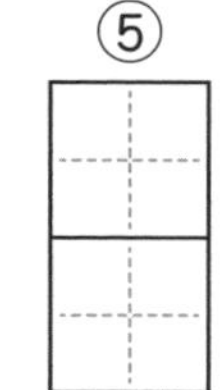
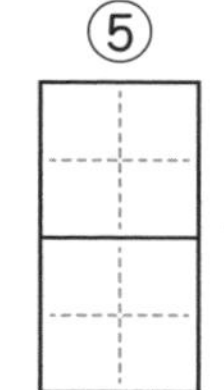
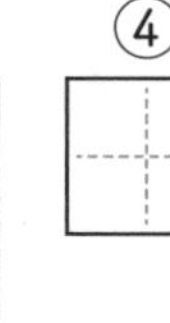
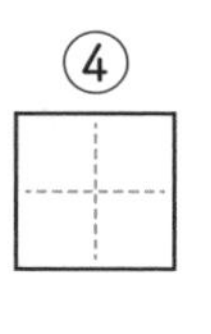
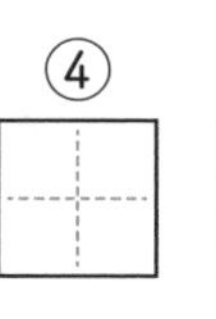
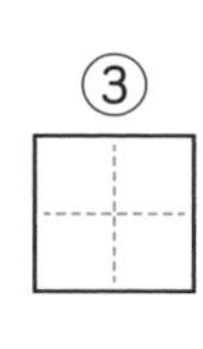
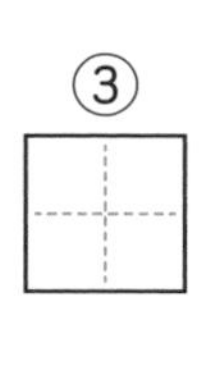
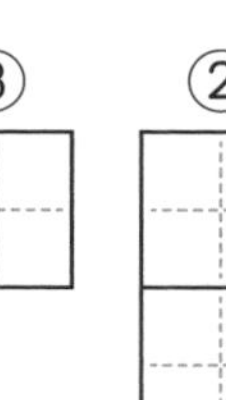
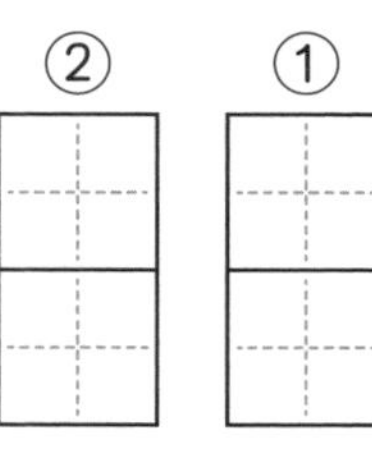

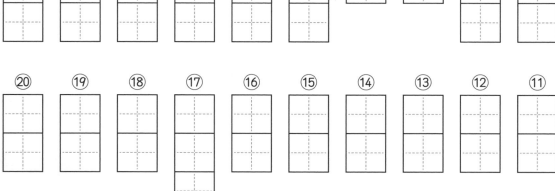

⑪ ⑫ ⑬ ⑭ ⑮ ⑯ ⑰ ⑱ ⑲ ⑳

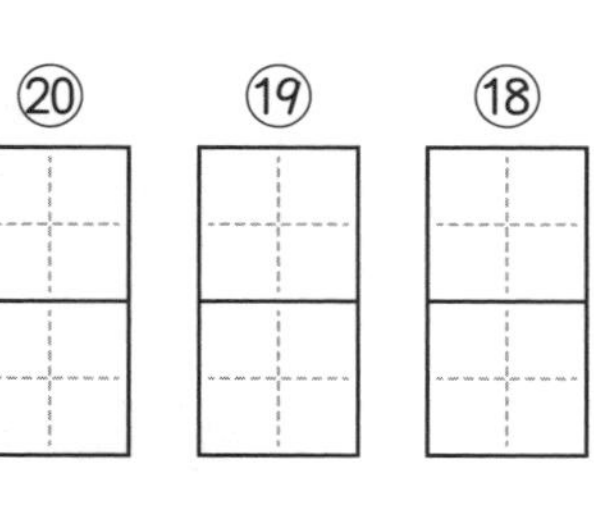

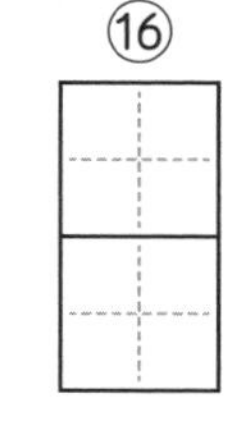
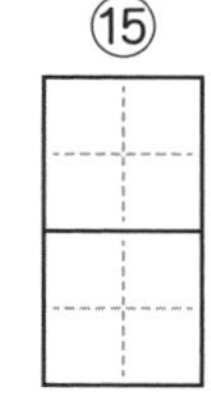

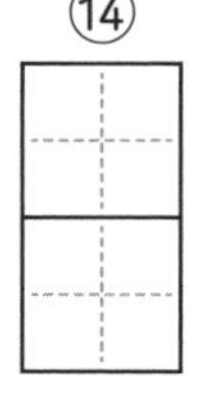
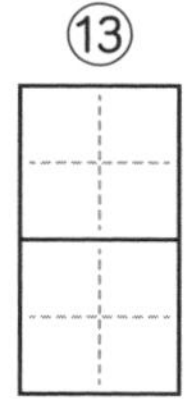
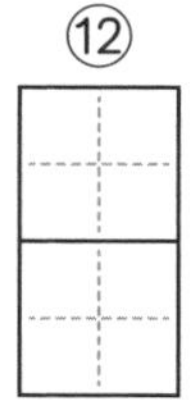

何度も取り組むために、なるべく書き込まずにノートにけテぶれをしよう。
書き込んでしまったときは解答欄を紙で隠して答えが見えないようにすれば、
もう一度ノートにけテぶれができるよ。

振り返って学習の分析をしよう！ノートや練習スペースで練習しよう！

実際にけテぶれをやってみて感じた、コツや難しさなどを分析しよう。

ぶ 分析をしてみよう！

分析の例

「脳」や「肺」などの違いに気を付ける。

「拝」の横の画の数を間違えた。

れ 練習をしよう！

記憶の特性

● 覚えにくいときは、暗記カードを活用してみてください。暗記カードは、たくさん見て、たくさん思い出すから、覚えられるようになります。

● 「どうやったら覚えられるかな」と考えるより「どうやったらいつでも上手に思い出せるようになるかな」と考えてみてください。大切なのは「覚える練習」ではなく、「思い出す練習」です。けテぶれの「テ」では、一生懸命「思い出そうと」していますよね。たくさん思い出そうとするから、「思い出す」ことが上手になるのです。習った漢字を上手に「思い出す」ことができるようになるのが、漢字の学習の目標ですからね！

漢字学習【17】

第４タームの２

今回はこれらの漢字を学習しよう。まずは指でなぞりながら、字の形や書き順を覚えよう。

批

はねる　おる　まげる　はねる

音	訓
ヒ	―

おもな熟語：批難・批判・批評・批点・批正

おもな使い方：批判的な態度／作品を批評する／批正を求める

秘

音	訓
ヒ	―

おもな熟語：秘策・秘密・秘蔵・秘書・神秘

おもな使い方：仲間だけの秘密／秘書を務める／自然の神秘

+α 「秘める」という読み方もある。

俵

音	訓
ヒョウ	たわら

おもな熟語：土俵・一俵・俵形・米俵

おもな使い方：同じ土俵に立つ／米一俵の重さ／米俵を持つ

腹

音	訓
フク	はら

おもな熟語：腹案・腹心・空腹・立腹・山腹

おもな使い方：腹案を練る／空腹をしのぐ／腹の内を明かす

奮

音	訓
フン	ふるう

おもな熟語：奮起・奮発・興奮・発奮・奮戦

おもな使い方：奮起して学ぶ／応援に発奮する／勇気を奮う

並

音	訓
―	なみ ならべる ならぶ ならびに

おもな熟語：並木・並行・並列・並製

おもな使い方：並木道を歩く／人並みにできる／鼻を並べる

+α 「ヘイ」という読み方もある。

陛

音	訓
ヘイ	―

おもな熟語：陛下・皇后陛下・天皇陛下

おもな使い方：陛下が式典に参列する／皇后陛下が訪れる

閉

音	訓
ヘイ	とじる しめる しまる

おもな熟語：閉館・閉口・閉店・開閉・密閉

おもな使い方：六時に閉店する／密閉できる容器／目を閉じる

+α 「閉ざす」という読み方もある。

片

音	訓
―	かた

おもな熟語：片足・片側・片手・片方・片道

おもな使い方：片足をつっこむ／片側通行／片手を挙げる

+α 「ヘン」という読み方もある。「破片」など。

読み 漢字の読みを覚えて、意味を知ろう。

何度も取り組むために、なるべく書き込まずにノートにけテぶれをしよう。

書き込んでしまったときは解答欄を紙で隠して答えが見えないようにしよう。

□ ①美術作品を批評する。
□ ②仲間だけの秘密。
□ ③米俵を持つ。
□ ④腹の内を明かす。
□ ⑤勇気を奮う。
□ ⑥鼻を並べる。
□ ⑦陛下が式典に参列する。
□ ⑧目を閉じる。
□ ⑨片手を挙げる。
□ ⑩戸を閉める。
□ ⑪批判的な態度。
□ ⑫自然の神秘。
□ ⑬同じ土俵に立つ者。
□ ⑭空腹をしのぐ。
□ ⑮奮起して学ぶ。
□ ⑯足並みをそろえる。
□ ⑰天皇陛下が見舞(みま)う。
□ ⑱六時に閉店する。
□ ⑲片足をつっこむ。
□ ⑳自動で開閉する。

解答・解説 ▼別冊34ページ

① (　　) ⑪ (　　)
② (　　) ⑫ (　　)
③ (　　) ⑬ (　　)
④ (　　) ⑭ (　　)
⑤ (　　) ⑮ (　　)
⑥ (　　) ⑯ (　　)
⑦ (　　) ⑰ (　　)
⑧ (　　) ⑱ (　　)
⑨ (　　) ⑲ (　　)
⑩ (　　) ⑳ (　　)

「極秘」は「最も秘密にすべきこと」じゃ！

け 今日の意気込み・計画を書こう。

計画の例
やる気が出ないけど、「やる」と決めて、出す！

テ 今の実力を確認しよう。次のひらがなを漢字にしよう。

1回目 2回目 3回目

解答・解説 ▼別冊34ページ

① 美術作品をひひょうする。
② 仲間だけのひみつ。
③ こめだわらを持つ。
④ はらの内を明かす。
⑤ 勇気をふるう。
⑥ 鼻をならべる。
⑦ へいかが式典に参列する。
⑧ 目をとじる。
⑨ かたてを挙げる。
⑩ 戸をしめる。
⑪ ひはん的な態度。
⑫ 自然のしんぴ。
⑬ 同じどひょうに立つ者。
⑭ くうふくをしのぐ。
⑮ ふんきして学ぶ。
⑯ あしなみをそろえる。
⑰ 天皇へいかが見舞う。
⑱ 六時にへいてんする。
⑲ かたあしをつっこむ。
⑳ 自動でかいへいする。

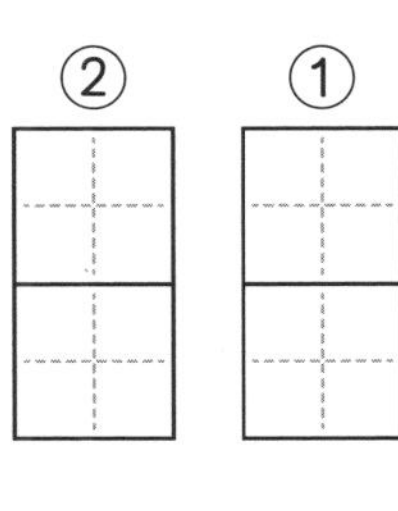
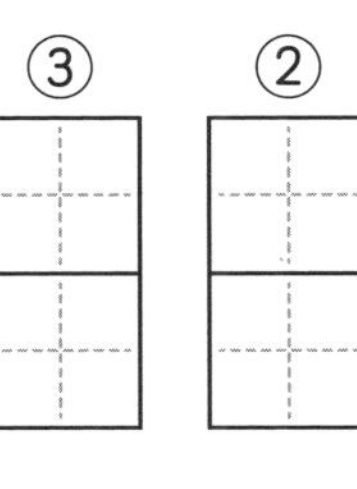
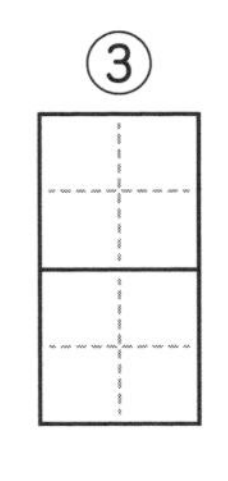
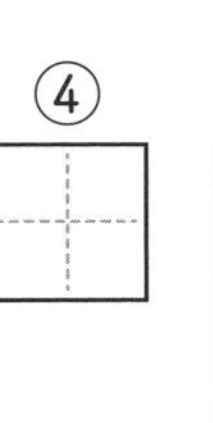
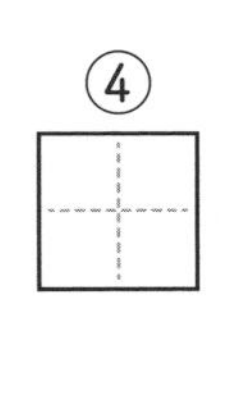
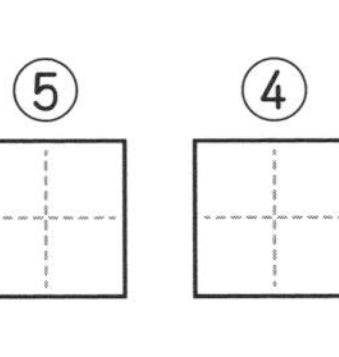
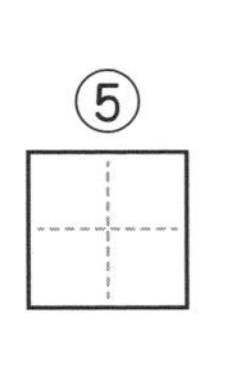
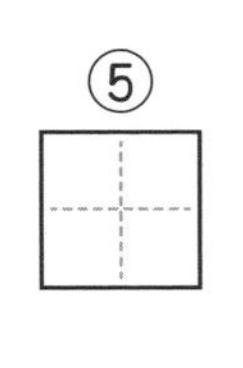
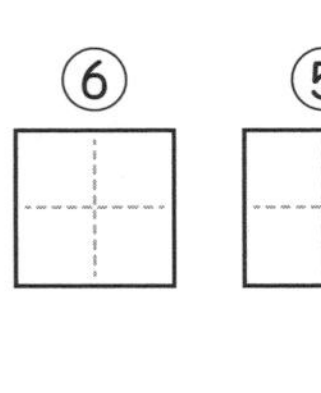
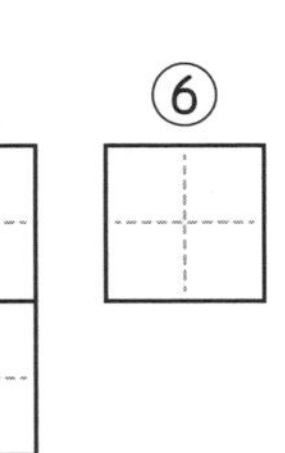
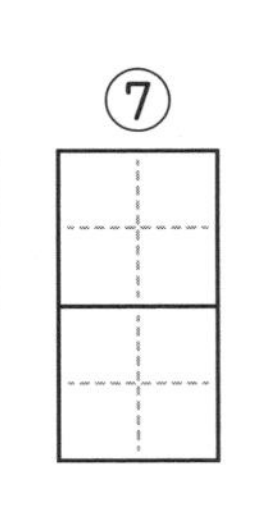
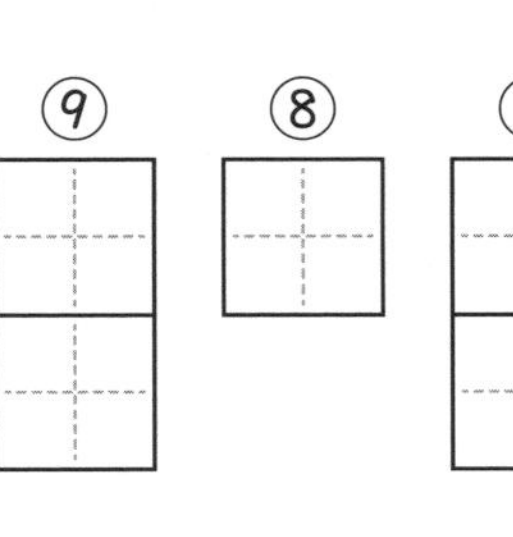
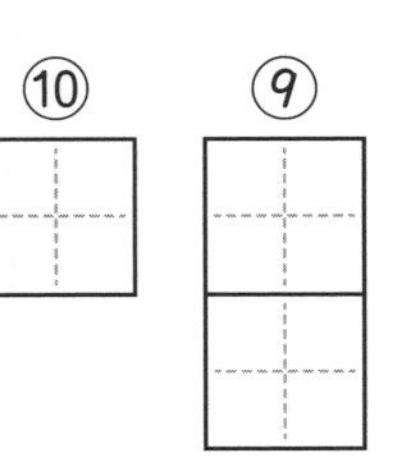
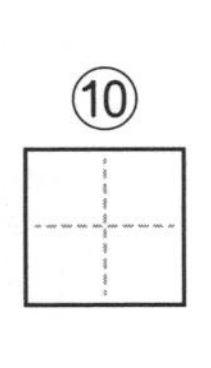

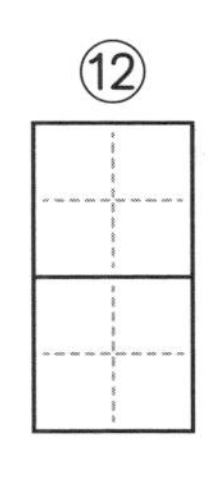
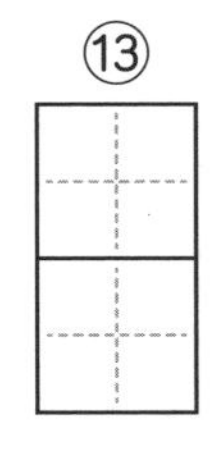
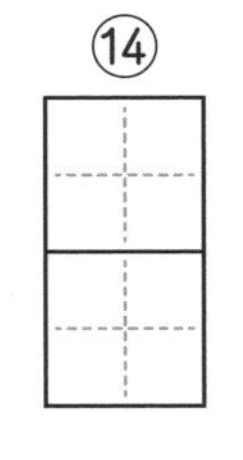
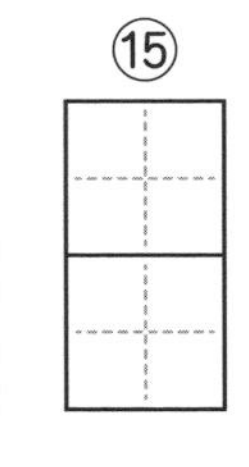
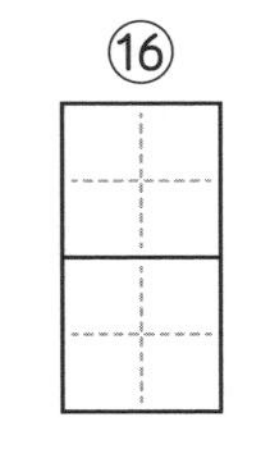
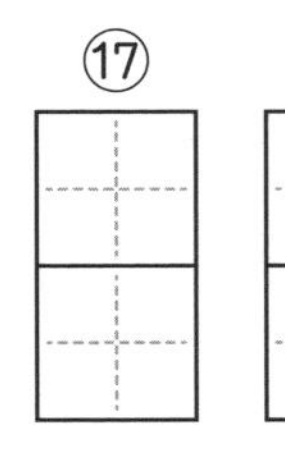
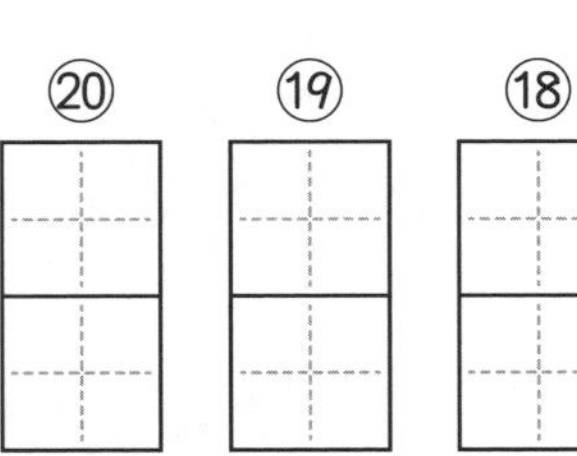
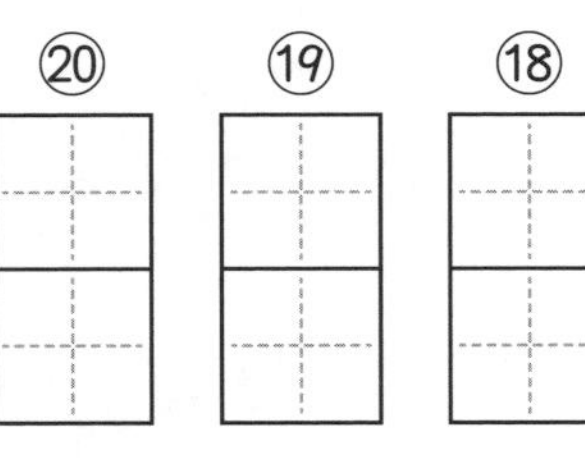

何度も取り組むために、なるべく書き込まずにノートにけテぶれをしよう。
書き込んでしまったときは解答欄を紙で隠して答えが見えないようにすれば、もう一度ノートにけテぶれができるよ。

振り返って学習の分析をしよう！ノートや練習スペースで練習しよう！

実際にけテぶれをやってみて感じた、コツや難しさなどを分析しよう。

ぶ

分析をしてみよう！

分析の例

つき出たり、出なかったりする部分があやふやだった。

れ

練習をしよう！

やる気の特性

- 「やる気」なんていう不安定なものに頼らなくてもいい！ やる気は「やる」から出てくるものだよ！
- やる気アップの最強の方法は「スーパーけテぶれモード」だ。たとえば、勉強を始める前にサイコロを振って、6が出たらスーパーけテぶれモードでやってみよう。
- 「気が向いたらやる気を出す」のではなく、「やると決めてやる気を出す」という感じだよ！

漢字学習 18

第４ターンの３

今回はこれらの漢字を学習しよう。まずは指でなぞりながら、字の形や書き順を覚えよう。

補

忘れずに

- 音：ホ
- 訓：おぎなう
- おもな熟語：補強(ほきょう)・補欠(ほけつ)・補助(ほじょ)・補足(ほそく)・候補(こうほ)
- おもな使い方：補助を受ける／立候補する／不足を補(おぎな)う

暮

- 音：―
- 訓：くれる　くらす
- おもな熟語：暮春(ぼしゅん)・暮色(ぼしょく)・暮景(ぼけい)
- おもな使い方：冬の暮(く)れ方／暮(く)らしを立てる／夕暮れ時に帰る

+α 「ボ」という読み方もある。

宝

- 音：ホウ
- 訓：たから
- おもな熟語：宝庫(ほうこ)・宝石(ほうせき)・宝刀(ほうとう)・家宝(かほう)・国宝(こくほう)
- おもな使い方：宝石の指輪／家宝として伝わる／宝(たから)の発見

訪

- 音：ホウ
- 訓：たずねる
- おもな熟語：訪問(ほうもん)・再訪(さいほう)・探訪(たんぼう)・来訪(らいほう)・歴訪(れきほう)
- おもな使い方：家庭を訪問する／観光地を訪(たず)ねる／来訪者

+α 「訪(おとず)れる」という読み方もある。

亡

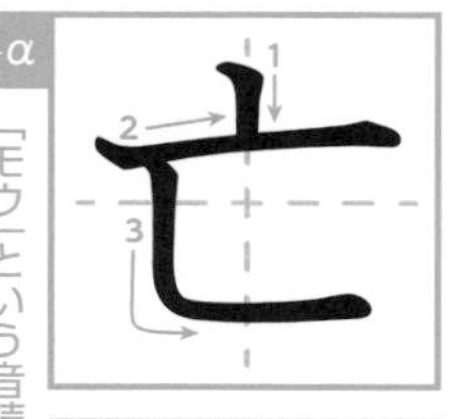

- 音：ボウ
- 訓：―
- おもな熟語：亡国(ぼうこく)・亡命(ぼうめい)・興亡(こうぼう)・死亡(しぼう)・存亡(そんぼう)
- おもな使い方：中立国に亡命する／国家の興亡／存亡の危機

+α 「モウ」という音読み、「ない」という訓読みもある。

忘

- 音：―
- 訓：わすれる
- おもな熟語：忘年(ぼうねん)・忘却(ぼうきゃく)・備忘録(びぼうろく)・忘恩(ぼうおん)
- おもな使い方：忘年会／備忘録をつける／忘(わす)れ物に気づく

+α 「ボウ」という読み方もある。

棒

- 音：ボウ
- 訓：―
- おもな熟語：棒線(ぼうせん)・相棒(あいぼう)・鉄棒(てつぼう)・綿棒(めんぼう)・金棒(かなぼう)
- おもな使い方：棒線を引く／相棒を見つける／鉄棒が得意だ

枚

- 音：マイ
- 訓：―
- おもな熟語：枚挙(まいきょ)・枚数(まいすう)・三枚(さんまい)・大枚(たいまい)・二枚舌(にまいじた)
- おもな使い方：枚数が足りない／三枚におろす／大枚をはたく

幕

- 音：マク　バク
- 訓：―
- おもな熟語：暗幕(あんまく)・黒幕(くろまく)・字幕(じまく)・幕府(ばくふ)・開幕(かいまく)
- おもな使い方：黒幕をつきとめる／幕が上がる／江戸(えど)幕府

読み　漢字の読みを覚えて、意味を知ろう。

何度も取り組むために、なるべく書き込まずにノートにけテぶれをしよう。

書き込んでしまったときは解答欄を紙で隠して答えが見えないようにしよう。

1回目

2回目

3回目

解答・解説 ▼別冊36ページ

□ ① 不足を補う。
□ ② 暮らしを立てる。
□ ③ 宝石の指輪。
□ ④ 家庭を訪問する。
□ ⑤ 存亡の危機。
□ ⑥ 忘れ物に気づく。
□ ⑦ 鉄棒が得意だ。
□ ⑧ 枚数が足りない。
□ ⑨ 幕が上がる。
□ ⑩ 亡国の民。
□ ⑪ 補助を受ける。
□ ⑫ 夕暮れ時に帰る。
□ ⑬ 宝を発見する。
□ ⑭ 観光地を訪ねる。
□ ⑮ 中立国に亡命する。
□ ⑯ 名前を度忘れする。
□ ⑰ 棒線を引く。
□ ⑱ 魚を三枚におろす。
□ ⑲ 江戸幕府の成立。
□ ⑳ 国家の興亡。

①（　　）
②（　　）
③（　　）
④（　　）
⑤（　　）
⑥（　　）
⑦（　　）
⑧（　　）
⑨（　　）
⑩（　　）
⑪（　　）
⑫（　　）
⑬（　　）
⑭（　　）
⑮（　　）
⑯（　　）
⑰（　　）
⑱（　　）
⑲（　　）
⑳（　　）

「大枚をはたく」はたくさんのお金をはらうことよぉ〜。

け 今日の意気込み・計画を書こう。

計画の例
集中することに力を入れてみる。

テ 今の実力を確認しよう。次のひらがなを漢字にしよう。

1回目
2回目
3回目

解答・解説 ▼別冊36ページ

① 不足をおぎなう。
② くらしを立てる。
③ ほうせきの指輪。
④ 家庭をほうもんする。
⑤ そんぼうの危機。
⑥ わすれ物に気づく。
⑦ てつぼうが得意だ。
⑧ まいすうが足りない。
⑨ まくが上がる。
⑩ ぼうこくの民。
⑪ ほじょを受ける。
⑫ ゆうぐれ時に帰る。
⑬ たからを発見する。
⑭ 観光地をたずねる。
⑮ 中立国にぼうめいする。
⑯ 名前をどわすれする。
⑰ ぼうせんを引く。
⑱ 魚をさんまいにおろす。
⑲ 江戸ばくふの成立。
⑳ 国家のこうぼう。

① ② ③ ④ ⑤ ⑥ ⑦ ⑧ ⑨ ⑩

⑪ ⑫ ⑬ ⑭ ⑮ ⑯ ⑰ ⑱ ⑲ ⑳

何度も取り組むために、なるべく書き込まずにノートにけテぶれをしよう。

書き込んでしまったときは解答欄を紙で隠して答えが見えないようにすれば、もう一度ノートにけテぶれができるよ。

振り返って学習の分析をしよう！ノートや練習スペースで練習しよう！

実際にけテぶれをやってみて感じた、コツや難しさなどを分析しよう。

ぶ

分析をしてみよう！

分析の例

「補」の点をつけ忘れた。

「棒」の形がよくわかっていなかった。

れ

練習をしよう！

集中力の特性

- 自分が最も集中できる環境とはどんな環境だろう。次のように考えてみよう。
- ひとまずテレビや YouTube は消したほうがいいよね。スマホが近くにあると、つい触ってしまうかな？ 音はどうだろう。少し音楽がなっているほうがいい？ 時間は？ もしかしたら夜より朝のほうが集中できるかもしれない。場所は？ 自分の部屋？ リビング？ お風呂場？
- たくさんの可能性の中から「自分が最高に集中できる環境」を見つけ出そう。

漢字学習［19］

第４タームの４

今回はこれらの漢字を学習しよう。まずは指でなぞりながら、字の形や書き順を覚えよう。

音	訓
ミツ	―

おもな熟語	おもな使い方
密室・密集・密輸・過密・親密	観客が密集する／密輸を取りしまる／過密都市

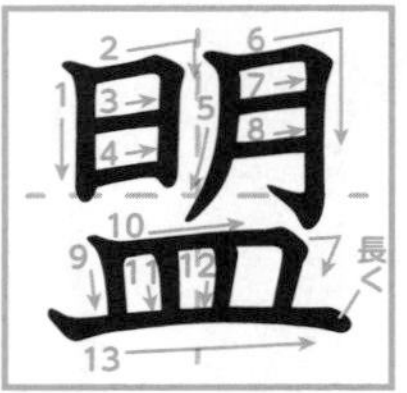

音	訓
メイ	―

おもな熟語	おもな使い方
加盟・同盟・連盟・盟約・盟友	国際連合の加盟国／同盟関係／盟友と協力する

音	訓
モ　ボ	―

おもな熟語	おもな使い方
模型・模様・規模・模作・模写	電車の模型／水玉模様の布／災害の規模

音	訓
ヤク	わけ

おもな熟語	おもな使い方
訳者・通訳・英訳・直訳・内訳	ドイツ語を通訳する／料金の内訳／申し訳ない

音	訓
ユウ	―

おもな熟語	おもな使い方
郵送・郵政・郵便・郵便局	手紙を郵送する／郵政の事業／郵便局を探す

音	訓
ユウ	―

おもな熟語	おもな使い方
優位・優勝・優先・優美・声優	優位に立つ／一組が優勝した／声優が出演する

+α 「優しい」「優れる」という読み方もある。

音	訓
ヨ	あずける　あずかる

おもな熟語	おもな使い方
預金・預言	預金をおろす／銀行に預け入れる／本を預かる

音	訓
ヨウ	おさない

おもな熟語	おもな使い方
幼少・幼児・幼虫・幼女・幼子	幼少の思い出／幼虫から育てる／幼い妹

音	訓
ヨク	―

おもな熟語	おもな使い方
欲望・欲求・意欲・私欲・食欲	欲望をいだく／私利私欲に走る／食欲がない

+α 「欲しい」「欲する」という読み方もある。

読み　漢字の読みを覚えて、意味を知ろう。

何度も取り組むために、なるべく書き込まずにノートにけテぶれをしよう。

書き込んでしまったときは解答欄を紙で隠して答えが見えないようにしよう。

□①密輪を取りしまる。
□②同盟関係にある。
□③水玉模様の布。
□④ドイツ語を通訳する。
□⑤手紙を郵送する。
□⑥一組が優勝した。
□⑦本を預かる。
□⑧幼い妹と遊ぶ。
□⑨病気で食欲がない。
□⑩欲求を満たす。

□⑪過密都市。
□⑫盟友と協力する。
□⑬災害の規模。
□⑭申し訳ないと謝(あやま)る。
□⑮郵便局を探す。
□⑯声優が出演する。
□⑰預金をおろす。
□⑱幼虫から育てる。
□⑲欲望をいだく。
□⑳意欲的なふるまい。

1回目　2回目　3回目

解答・解説 ▼別冊38ページ

①（　　）②（　　）③（　　）④（　　）⑤（　　）⑥（　　）⑦（　　）⑧（　　）⑨（　　）⑩（　　）

⑪（　　）⑫（　　）⑬（　　）⑭（　　）⑮（　　）⑯（　　）⑰（　　）⑱（　　）⑲（　　）⑳（　　）

たくさんの問題を解いてきたな！　もう一歩じゃ！

け 今日の意気込み・計画を書こう。

計画の例
自分にあった勉強のやり方を考えながら進めたい。

テ 今の実力を確認しよう。
次のひらがなを漢字にしよう。

1回目
2回目
3回目

▼解答・解説 別冊38ページ

① みつゆを取りしまる。
② どうめい関係にある。
③ 水玉もようの布。
④ ドイツ語をつうやくする。
⑤ 手紙をゆうそうする。
⑥ 一組がゆうしょうした。
⑦ 本をあずかる。
⑧ おさない妹と遊ぶ。
⑨ 病気でしょくよくがない。
⑩ よっきゅうを満たす。
⑪ かみつ都市。
⑫ めいゆうと協力する。
⑬ 災害のきぼ。
⑭ 申しわけないと謝る。
⑮ ゆうびん局を探す。
⑯ せいゆうが出演する。
⑰ よきんをおろす。
⑱ ようちゅうから育てる。
⑲ よくぼうをいだく。
⑳ いよく的なふるまい。

①　②　③　④　⑤　⑥　⑦　⑧　⑨　⑩

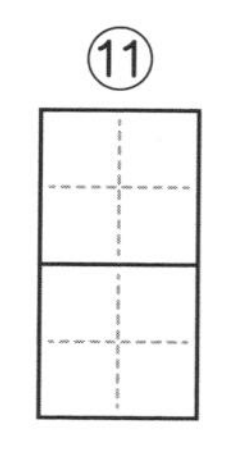
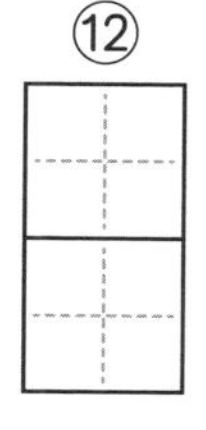
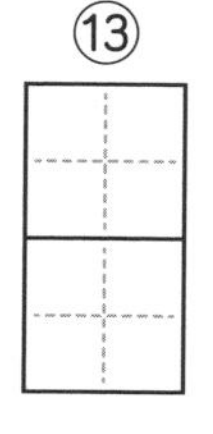
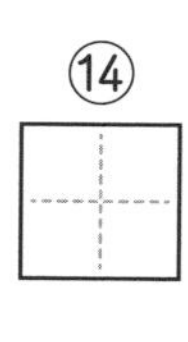
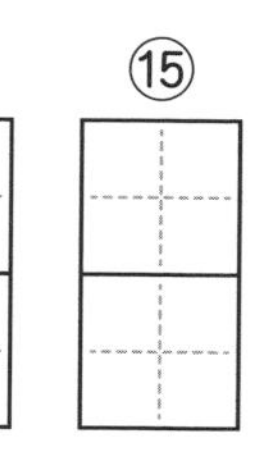
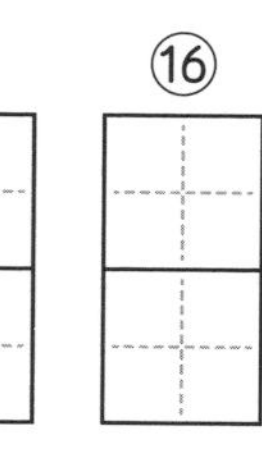
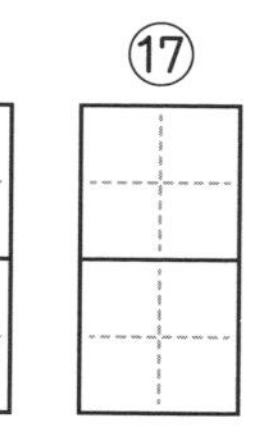
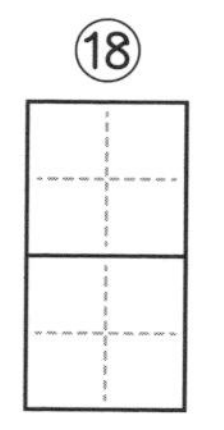

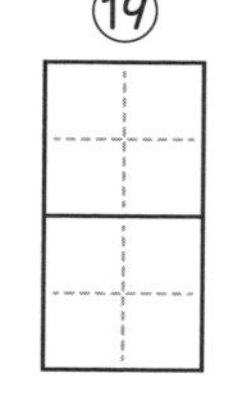

⑪　⑫　⑬　⑭　⑮　⑯　⑰　⑱　⑲　⑳

何度も取り組むために、なるべく書き込まずにノートにけテぶれをしよう。
書き込んでしまったときは解答欄を紙で隠して答えが見えないようにすれば、もう一度ノートにけテぶれができるよ。

振り返って学習の分析をしよう！ノートや練習スペースで練習しよう！

実際にけテぶれをやってみて感じた、コツや難しさなどを分析しよう。

ぶ

分析をしてみよう！

分析の例

「模」の右側の形に注意する。

「優」の右側をきれいに書けるようにする。

れ

練習をしよう！

「自分」について詳しくなろう ～漢字と自分～

● ここまでたくさんの試行錯誤（しこうさくご）を重ねて「けテぶれ」に取り組んできた子は、だんだんと「自分なりの漢字の学習の方法」が見つかってきたかな？　一度、今までやってきた自分のけテぶれノートを振り返ってみよう。

● 計画はどのように立てるのがいい？
テストは一気に20問やるのがいい？
それとも10問ずつ2日に分けてやる？
分析は、いつもどこに着目している？
練習は、どんな方法が好き？
ここではそんなことを少し考えてみよう。

漢字学習 [20]

第４タームの５

今回はこれらの漢字を学習しよう。まずは指でなぞりながら、字の形や書き順を覚えよう。

乱
音：ラン
訓：みだれる　みだす
おもな熟語：乱雑・乱暴・乱入・混乱・散乱
おもな使い方：乱雑な引き出し／混乱をしずめる／和を乱す人

翌
音：ヨク
訓：―
おもな熟語：翌朝・翌週・翌日・翌年・翌々日
おもな使い方：翌週も試合だ／台風の翌日／翌々日に行う

律
+α「リチ」という読み方もある。「律儀」など。
音：リツ
訓：―
おもな熟語：一律・規律・法律・音律・調律
おもな使い方：規律を守る／法律を改正する／言動を律する

裏
+α「リ」という読み方もある。「表裏」など。
音：―
訓：うら
おもな熟語：裏表・裏方・裏側・裏口・口裏
おもな使い方：建物の裏側／裏方を務める／口裏を合わせる

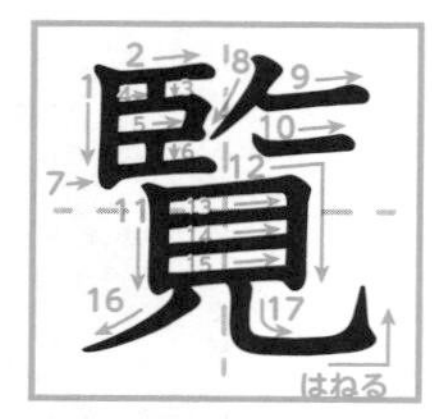

覧
音：ラン
訓：―
おもな熟語：一覧・回覧・観覧・展覧・便覧
おもな使い方：一覧にまとめる／観覧車に乗る／便覧で調べる

卵
+α「卵白」「産卵」などの読み方もある。
音：―
訓：たまご
おもな熟語：生卵・卵黄・卵白・産卵
おもな使い方：ニワトリの卵／生卵をご飯にかける

論
音：ロン
訓：―
おもな熟語：論争・論文・論理・結論・反論
おもな使い方：卒業論文を書く／論理的な考え／結論を出す

朗
+α「朗らか」という読み方もある。
音：ロウ
訓：―
おもな熟語：朗読・朗報・朗唱・朗々・明朗
おもな使い方：詩を朗読する／朗報を伝える／明朗快活な少年

臨
+α「臨む」という読み方もある。
音：リン
訓：―
おもな熟語：臨海・臨時・臨機・臨終・君臨
おもな使い方：臨時のバス／臨機応変／将棋界に君臨する

読み 漢字の読みを覚えて、意味を知ろう。

何度も取り組むために、なるべく書き込まずにノートにけテぶれをしよう。

書き込んでしまったときは解答欄を紙で隠して答えが見えないようにしよう。

1回目 2回目 3回目

解答・解説 ▼別冊40ページ

□ ① 台風の翌日は晴れた。

□ ② 和を乱す人。

□ ③ ニワトリの卵。

□ ④ 一覧にまとめる。

□ ⑤ 建物の裏側にまわる。

□ ⑥ 言動を律する。

□ ⑦ 臨時のバスが出る。

□ ⑧ 詩を朗読する。

□ ⑨ 結論を出す。

□ ⑩ 裏方を務める。

□ ⑪ 大会の翌週も試合だ。

□ ⑫ 混乱をしずめる。

□ ⑬ 生卵をご飯にかける。

□ ⑭ 便覧で調べる。

□ ⑮ 裏切りにあう。

□ ⑯ 法律を改正する。

□ ⑰ 将棋界に君臨する。

□ ⑱ 朗報を伝える。

□ ⑲ 卒業論文を書く。

□ ⑳ 二人で口裏を合わせる。

①（　） ②（　） ③（　） ④（　） ⑤（　） ⑥（　） ⑦（　） ⑧（　） ⑨（　） ⑩（　）

⑪（　） ⑫（　） ⑬（　） ⑭（　） ⑮（　） ⑯（　） ⑰（　） ⑱（　） ⑲（　） ⑳（　）

「朗らか」は中学校で習う読み方なの。読めたかしら？

け 今日の意気込み・計画を書こう。

計画の例
最後の漢字学習のセットだから、振り返りながら進める。

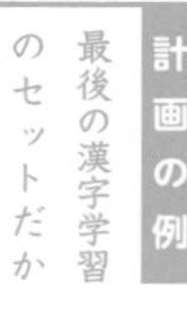

テ 今の実力を確認しよう。次のひらがなを漢字にしよう。

1回目 2回目 3回目

▼解答・解説 別冊40ページ

① 台風のよくじつは晴れた。
② 和をみだす人。
③ ニワトリのたまご。
④ いちらんにまとめる。
⑤ 建物のうらがわにまわる。
⑥ 言動をりっする。
⑦ りんじのバスが出る。
⑧ 詩をろうどくする。
⑨ けつろんを出す。
⑩ うらかたを務める。
⑪ 大会のよくしゅうも試合だ。
⑫ こんらんをしずめる。
⑬ なまたまごをご飯にかける。
⑭ びんらんで調べる。
⑮ うらぎりにあう。
⑯ ほうりつを改正する。
⑰ 将棋界にくんりんする。
⑱ ろうほうを伝える。
⑲ 卒業ろんぶんを書く。
⑳ 二人でくちうらを合わせる。

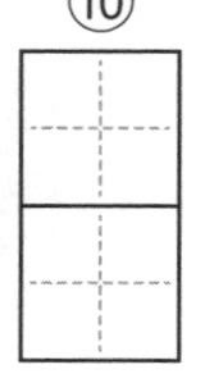

① ② ③ ④ ⑤ ⑥ ⑦ ⑧ ⑨ ⑩

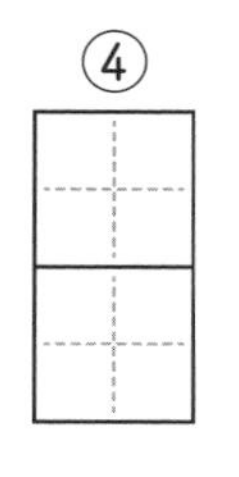
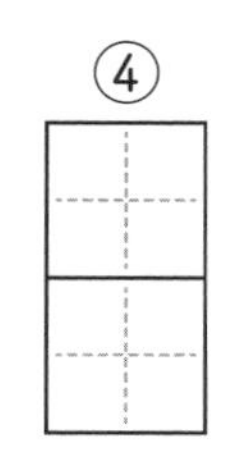
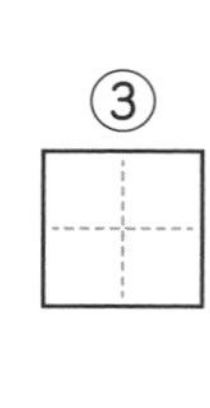
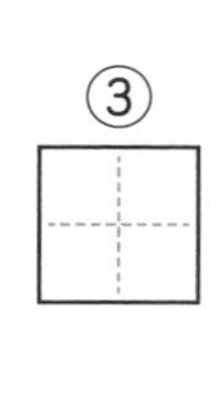
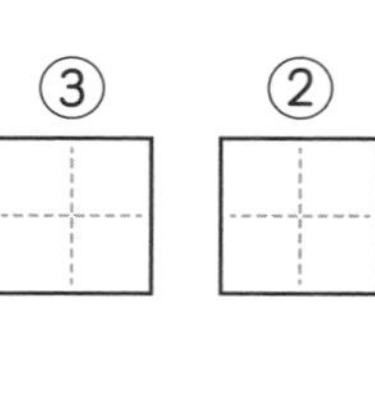
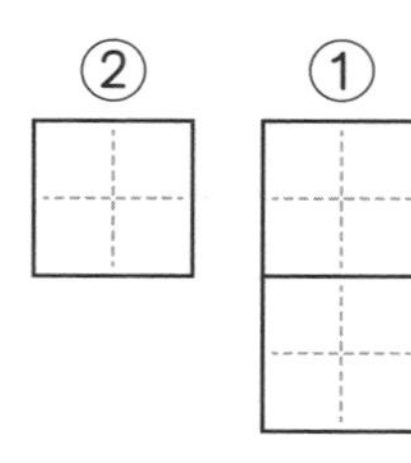

⑪ ⑫ ⑬ ⑭ ⑮ ⑯ ⑰ ⑱ ⑲ ⑳

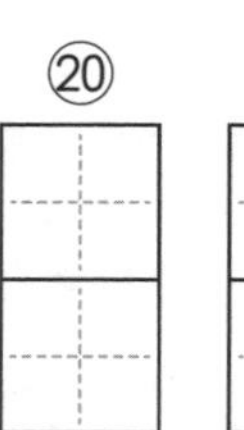
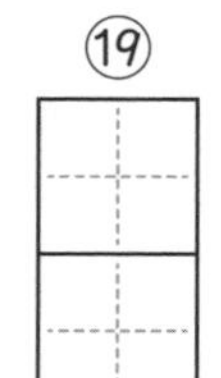
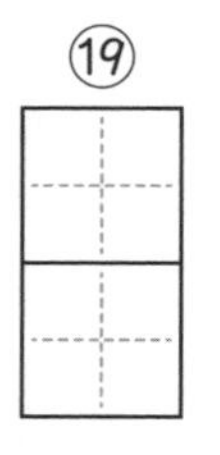
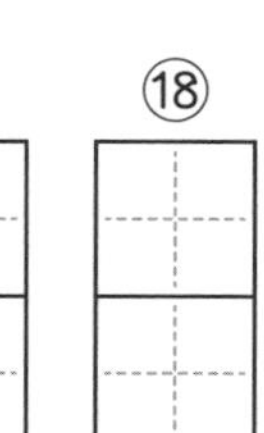
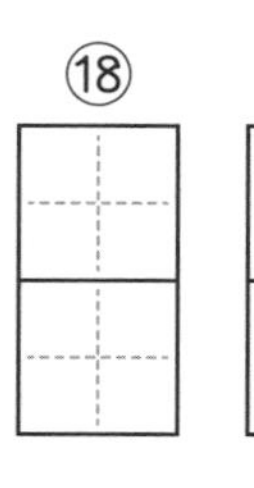
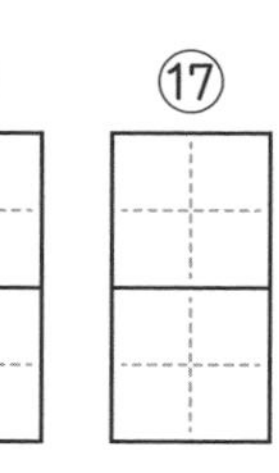
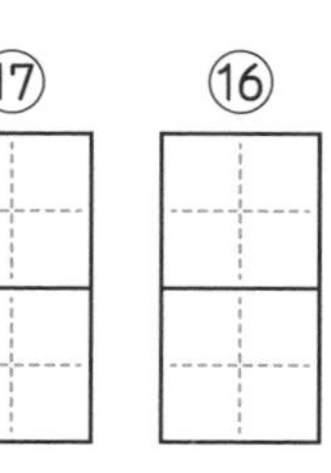
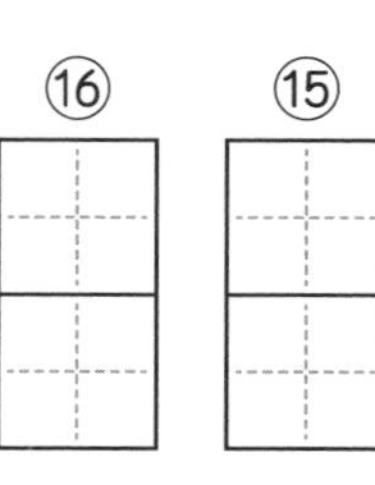
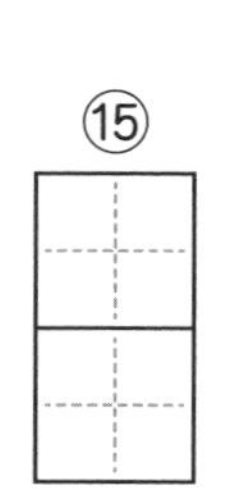
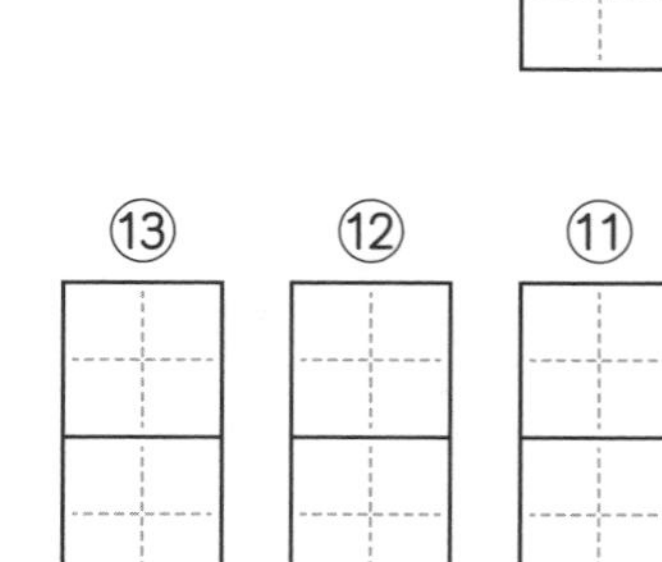

何度も取り組むために、なるべく書き込まずにノートにけテぶれをしよう。
書き込んでしまったときは解答欄を紙で隠して答えが見えないようにすれば、もう一度ノートにけテぶれができるよ。

振り返って学習の分析をしよう！ノートや練習スペースで練習しよう！

実際にけテぶれをやってみて感じた、コツや難しさなどを分析しよう。

「自分」について詳しくなろう

- 今までの「大分析」を振り返ってみよう。
- 大分析では、その日までがんばって積み上げてきた「けテぶれ」についてテストの結果と一緒に振り返って、自分の学び方をレベルアップさせるために考えてきたね。そこに書かれていることを見ると、だんだん自分の特徴や、好き嫌い、得手不得手が見えてくるはず。
- これこそ、この「けテぶれ学習法」が生み出すことができる最上級の学びなんだ。

ぶ 分析をしてみよう！

分析の例

「裏」や「覧」の形が難しいので、練習する。最後も、うまくできた。

れ 練習をしよう！

のテスト

1 漢字の読み方を書こう。

何度も取り組むために、なるべく書き込まずにノートで練習しよう。

解答▼別冊43ページ

①片足をつっこむ。
②否定的な意見。
③災害の規模。
④宝を発見する。
⑤朗報を伝える。
⑥人物と背景。
⑦密輪を取りしまる。
⑧裏切りにあう。
⑨同じ土俵に立つ者。
⑩卒業論文を書く。
⑪幕が上がる。
⑫肺病にかかる。
⑬生卵をご飯にかける。
⑭中立国に亡命する。
⑮足並みをそろえる。
⑯病気で食欲がない。
⑰不足を補う。
⑱脳天から声を出す。
⑲和を乱す人。
⑳腹の内を明かす。
㉑一組が優勝した。
㉒棒線を引く。
㉓晩年に書かれた作品。
㉔大会の翌週も試合だ。
㉕天皇(てんのう)陛下が見舞(みま)う。
㉖将棋界(しょうぎかい)に君臨する。
㉗神仏を拝む。
㉘郵便局を探(さが)す。
㉙暮らしを立てる。
㉚一覧にまとめる。
㉛美術作品を批評する。
㉜盟友と協力する。
㉝勇気を奮う。
㉞救護班が来る。
㉟幼虫から育てる。
㊱名前を度忘れする。
㊲自然の神秘。
㊳言動を律する。
㊴魚を三枚におろす。
㊵空手の流派。
㊶ドイツ語を通訳する。
㊷観光地を訪ねる。
㊸目を閉じる。
㊹本を預かる。
㊺俳句をつくる。
㊻父の背広。
㊼欲求を満たす。
㊽自動で開閉する。
㊾亡国の民。
㊿裏方を務める。

第4ターム

2 漢字にして書こう。

何度も取り組むために、なるべく書き込まずにノートで練習しよう。

解答 ▼別冊43ページ

① ほうせきの指輪。
② びんらんで調べる。
③ はんちょうが仕切る。
④ 水玉もようの布。
⑤ へいかが参列する。
⑥ ほうりつを改正する。
⑦ ずのうをきたえる。
⑧ てつぼうが得意だ。
⑨ 申しわけないと謝る。
⑩ 仲間だけのひみつ。
⑪ こんらんをしずめる。
⑫ ほじょを受ける。
⑬ 手紙をゆうそうする。
⑭ 人気はいゆうの映画。
⑮ 六時にへいてんする。
⑯ りんじのバスが出る。
⑰ かみつ都市。
⑱ 鼻をならべる。
⑲ しんぱいが停止する。
⑳ ニワトリのたまご。
㉑ 家庭をほうもんする。
㉒ よきんをおろす。
㉓ 試験のごうひ。
㉔ けつろんを出す。
㉕ ふんきして学ぶ。
㉖ どうめい関係にある。
㉗ わすれ物に気づく。
㉘ 寺をはいかんする。
㉙ 台風のよくじつ。
㉚ そんぼうの危機。
㉛ こめだわらを持つ。
㉜ 建物のうらがわ。
㉝ まいすうが足りない。
㉞ 詩をろうどくする。
㉟ せおい投げをする。
㊱ おさない妹と遊ぶ。
㊲ かたてを挙げる。
㊳ ばくふの成立。
㊴ まいばんの習慣。
㊵ ひはん的な態度。
㊶ せいゆうが出演する。
㊷ はでな服を着る。
㊸ ゆうぐれ時に帰る。
㊹ くうふくをしのぐ。
㊺ よくぼうをいだく。
㊻ せを向ける。
㊼ いよく的なふるまい。
㊽ 戸をしめる。
㊾ 国家のこうぼう。
㊿ くちうらを合わせる。

振り返って、学習の大分析をしよう。次の学習の計画を立てよう。

実際にけテぶれをやってみて感じた、コツや難しさなどを分析しよう。

第４タームはいかがでしたか？　このタームで６年生の漢字の一通りの学習が終わりました。分析をふまえて、ウルトラテストや今後の学習の計画を立てましょう。

ー：難しかったことを書こう

＋：うまくできたことを書こう

◯：素直な気持ちを書こう

？：勉強に対する疑問を書こう

！：成功のヒケツを書こう

→：次はこうする！

大分析をふまえて、次の学習のための大計画を書こう。

この問題集も残すはあと最後のまとめの「ウルトラテスト」だけですね。そのためには今までの学習の総復習が必要ですね。

ウルトラテストに向けた準備のための「けテぶれ」では、今までの経験を全部使って、「自分なりの最強の学び方」で学んでみましょう。それを使って、ウルトラテストに合格できたらもう最高にうれしいはずですよ！

サポーターの方へ

FOR SUPPORTERS

「自分で勉強しろと言われても、どうすればいいのかわからない」というお悩みをよく聞きます。

なんとなく学習計画を立てさせられるが、いざ実際にやってみると、日々どのように学べばいいのかわからない、という状態であることが非常に多いです。

そこで、この本ではまず、一日の学習を確実に進められるように、「けテぶれ」という学習の流れをご紹介し、自分でやってみて、たくさん経験する中でだんだん、「自分で勉強をする感覚」を養ってもらおうとしてきました。

そして、各タームごとに、「大分析」や「大計画」のページを作り、徐々に自分の学習を一週間、一カ月の単位で見られるようにと、構成してきました。

各タームの学習の流れを図にすると、下図のようになっていました。これが、けテぶれを合言葉にした「自分で学ぶ学習」の全貌です。

ここまでの学習をやり通すことができていれば、子どもたちもきっと、この図を自分の体験から深く理解することができるでしょう。ぜひ子どもと一緒に、この図を見ながら「自分で学ぶ学習」について振り返り、考える時間をとってあげてください。

この問題集も、残すところはあと「総復習ウルトラテスト」のみです。学習を振り返ると、まだまだ覚えきれていない漢字や、少し学習の密度が薄いページなどがあると思います。

けテぶれ学習の全体像が見えた今、総復習テストを一カ月後などに設定し、今までの学習を総復習するためのけテぶれを回すことをおすすめします。

ここまでで、「自分で学ぶ学習」の基礎はきっちりと理解し、定着しつつあるはずです。最後の総復習テストは、漢字の知識のみならず、「自ら学ぶ技術」の総復習としても使ってみてください。

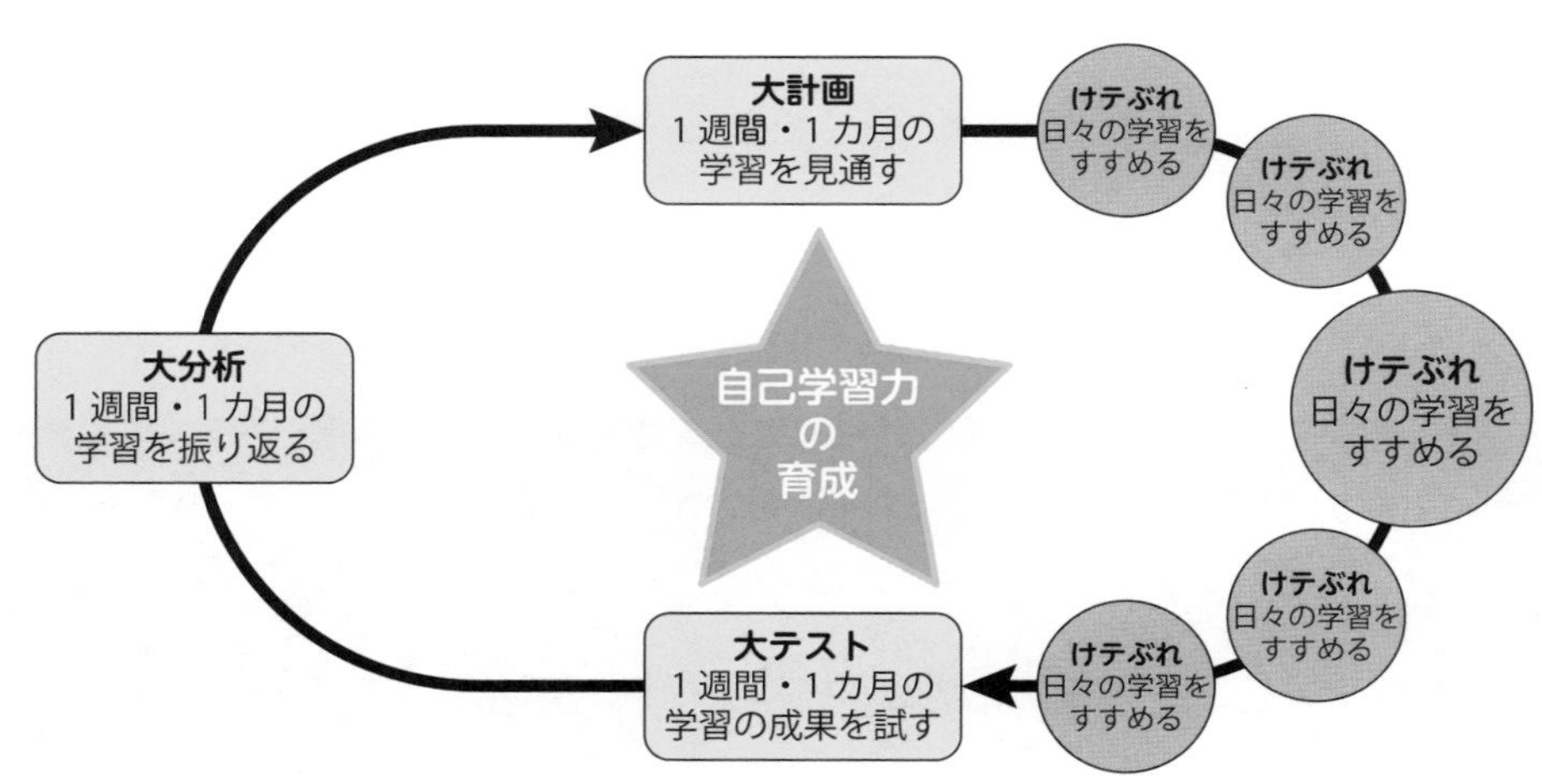

第3章

総復習
ウルトラテスト

"KETEBURE" Learning Method

KANJIRENSYU

テスト1

1 漢字の読み方を書こう。

何度も取り組むために、なるべく書き込まずにノートで練習しよう。

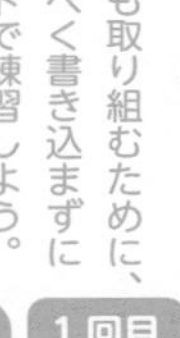

解答▼別冊44ページ

① 預金をおろす。
② 内臓の働き。
③ 選手の引退。
④ 勝負を捨てる。
⑤ 店の看板。
⑥ 方位磁針。
⑦ 賃金が上がる。
⑧ 南極を探検する。
⑨ 冊子を作る。
⑩ 絹を使った服。
⑪ 入場券を買う。
⑫ 方針を定める。
⑬ 株式会社の設立。
⑭ 話を創作する。
⑮ 火災警報が鳴る。
⑯ 将来の夢を語る。
⑰ 安全の保障。
⑱ 罪を法で裁く。
⑲ 我に返る。
⑳ 犯人を推理する。
㉑ 不用品を処分する。
㉒ 遺産を相続する。
㉓ 返事に困る。
㉔ 声優が出演する。
㉕ 宙ぶらりんな状態。
㉖ 詩を朗読する。
㉗ 試験の合否。
㉘ 著者の対談録。
㉙ 歌詞を覚える。
㉚ 仲間だけの秘密。
㉛ 案を検討する。
㉜ 幼い妹と遊ぶ。
㉝ 子供の世話。
㉞ 野山を散策する。
㉟ 階段をのぼる。
㊱ 派手な服を着る。
㊲ 用紙を回収する。
㊳ 聖書を読む。
㊴ 長女の誕生。
㊵ 蒸留した水。
㊶ 機械で吸引する。
㊷ 欲望をいだく。
㊸ なつかしい故郷。
㊹ 割引価格で買う。
㊺ 申し訳ないと謝（あやま）る。
㊻ 便覧で調べる。
㊼ 諸国を歩く。
㊽ 樹木を切る。
㊾ 六時に閉店する。
㊿ 次の駅で降りる。

2 漢字にして書こう。

何度も取り組むために、なるべく書き込まずにノートで練習しよう。

1回目 2回目 3回目

解答▼別冊44ページ

①いたでを負う。
②たからを発見する。
③かんちょうの時間。
④種をほぞんする。
⑤開演のじこく。
⑥くらしを立てる。
⑦大臣としてのにゅうかく。
⑧むずかしい数式。
⑨名画にかんげきする。
⑩不足をおぎなう。
⑪くさきぞめの材料。
⑫和をみだす人。
⑬会費をおさめる。
⑭商品をじゅくちする。
⑮じゅんきんを買う。
⑯人気をもり返す。
⑰かんまつ付録。
⑱妹がしゅうがくする。
⑲ぞうしょを借りる。
⑳後ろすがた。
㉑卒業ろんぶんを書く。
㉒自国のりょういき。
㉓じんあいの心。
㉔はいびょうにかかる。
㉕注文品がとどく。
㉖ちょうない環境(かんきょう)。
㉗すなばで遊ぶ子供(こども)。
㉘内容をじゅうしする。
㉙こうきな生まれ。
㉚まくが上がる。
㉛同じどひょうに立つ。
㉜みつゆを取りしまる。
㉝どきょうをつける。
㉞こくそう地帯。
㉟写真をてんじする。
㊱ちゅうこくを聞く。
㊲勇気をふるう。
㊳矢をいる。
㊴けいざいが安定する。
㊵あしなみをそろえる。
㊶せんとうに寄る。
㊷糸をたらす。
㊸こうたいごう。
㊹たくはい便。
㊺はいくをつくる。
㊻出発をのばす。
㊼わかいころ。
㊽うちゅうの果て。
㊾ぜんりょうな行い。
㊿じこ流で技(わざ)を磨(みが)く。

テスト2

1 漢字の読み方を書こう。

何度も取り組むために、なるべく書き込まずにノートで練習しよう。

解答▼別冊44ページ

①山の多い地域。
②胸を張って歩く。
③米俵を持つ。
④鏡に反射する。
⑤宝石の指輪。
⑥江戸（えど）幕府の成立。
⑦結論を出す。
⑧役員に就任する。
⑨新しい視点を得る。
⑩過密都市。
⑪公開を延期する。
⑫心肺が停止する。
⑬干し肉をたくわえる。
⑭鼻を並べる。
⑮非難を受ける。
⑯心に深く刻む。
⑰大腸が正常に働く。
⑱宇宙船に乗る。
⑲盛大に祝う。
⑳片手を挙げる。
㉑憲法を定める。
㉒潮風がふく。
㉓鋼鉄の意志。
㉔臨時のバスが出る。
㉕電源を切る。
㉖灰色のキツネ。
㉗鏡に映る姿（すがた）を見る。
㉘私語をつつしむ。
㉙専門の知識。
㉚楽団の指揮者。
㉛建物の骨組み。
㉜洋服が縮む。
㉝腹筋をきたえる。
㉞制度の改革をする。
㉟忘れ物に気づく。
㊱残暑が厳しい。
㊲糖度が高い果物（くだもの）。
㊳毎晩の習慣。
㊴負けを認める。
㊵価値が高い。
㊶牛乳を飲む。
㊷疑問をいだく。
㊸至る所を探（さが）す。
㊹敵意を向ける。
㊺水玉模様の布。
㊻地層が形成される。
㊼書類に署名する。
㊽傷口がふさがる。
㊾法律を改正する。
㊿店の改装工事。

ウルトラ

2 漢字にして書こう。

何度も取り組むために、なるべく書き込まずにノートで練習しよう。

解答▼別冊44ページ

①よくしゅうも試合だ。
②要求をしりぞける。
③作品をひひょうする。
④材料をしゅしゃする。
⑤ととうを組む。
⑥事前にはっけんする。
⑦魚をさんまいにおろす。
⑧ざっしを読む。
⑨銀行こうざ。
⑩やちんをはらう。
⑪おうじの誕生(たんじょう)。
⑫うらぎりにあう。
⑬けが人をかんごする。
⑭ようさん業を営む。
⑮本をあずかる。
⑯じんけんを守る。
⑰ちょうしゃでの手続き。
⑱事例からるいすいする。
⑲ぞうきを移植する。
⑳住所を書きあやまる。
㉑ふるかぶの社員。
㉒じりょくがはたらく。
㉓あなぐらにしまう。
㉔敵(てき)のたいしょう。
㉕したたらずな口調。
㉖さいけつを聞く。
㉗きき感をもつ。
㉘ぼうせんを引く。
㉙新たな世界をつくる。
㉚われさきに走り出す。
㉛せんれんされた印象。
㉜年長者をうやまう。
㉝雑誌のべっさつ。
㉞きんぞく年数が長い。
㉟きゅうごはんが来る。
㊱てんこをとる。
㊲けいこくを発する。
㊳機械がこしょうする。
㊴かんげきを楽しむ。
㊵落とし物をさがす。
㊶幸福のぜっちょう。
㊷神仏をおがむ。
㊸はりに糸を通す。
㊹ゆうびん局。
㊺道路をじょせつする。
㊻天皇(てんのう)へいかが見舞(みま)う。
㊼フルートそうしゃ。
㊽道のかくちょう工事。
㊾いぎをとなえる。
㊿きぬおりものの着物。

テスト3

1 漢字の読み方を書こう。

何度も取り組むために、なるべく書き込まずにノートで練習しよう。

解答▼別冊45ページ

①雑穀米。
②巻貝を観察する。
③荷物の届け先。
④小物を収納する。
⑤金銭感覚。
⑥補助を受ける。
⑦利己的な行動。
⑧布を染める。
⑨忠実な再現。
⑩未熟な果実。
⑪仁義を守る。
⑫人気俳優の映画。
⑬話が発展する。
⑭四時に帰宅する。
⑮存在感がある。
⑯若者の文化。
⑰内閣に加わる。
⑱用事を済ます。
⑲苦痛を味わう。
⑳岩穴を見つける。
㉑政党の公約。
㉒異常が起きる。
㉓舌先で味わう。
㉔演劇会をひらく。
㉕危ない山道。
㉖県庁所在地。
㉗蚕を育てる。
㉘批判的な態度。
㉙枚数が足りない。
㉚誤差が生じる。
㉛日誌を書く。
㉜鉄棒が得意だ。
㉝皇居の外周。
㉞班長が仕切る。
㉟手紙を郵送する。
㊱陛下が参列する。
㊲温泉につかる。
㊳尺度を測る。
㊴家庭を訪問する。
㊵親孝行をする。
㊶背負い投げをする。
㊷同じ系統の言葉。
㊸命の恩人。
㊹縦書きの文章。
㊺机に置く。
㊻口裏を合わせる。
㊼同盟関係にある。
㊽紅葉をながめる。
㊾受付を担当する。
㊿公衆電話を探(さが)す。

2 漢字にして書こう。

何度も取り組むために、なるべく書き込まずにノートで練習しよう。

解答▼別冊45ページ

①性質がいでんする。
②機械をそうさする。
③中立国にぼうめいする。
④ちゅうせい心が強い。
⑤こうざいを使う。
⑥都市のえんかく。
⑦実力をはっきする。
⑧めいちょを読む。
⑨こうしを分ける。
⑩研究にじゅうじする。
⑪想像力のみなもと。
⑫だんらくを分ける。
⑬しょうちできない。
⑭かんりゃく化する。
⑮ひんしを見分ける。
⑯勝利をおさめる。
⑰なまたまごをかける。
⑱名前をどわすれする。
⑲すじみちが通る。
⑳将棋界(しょうぎかい)にくんりんする。
㉑ろうほうを伝える。
㉒だんしょくの洋服。
㉓発車すんぜんに乗る。
㉔病名のせんこく。
㉕どうそう会の出欠。
㉖時間のたんしゅく。
㉗学業にせんねんする。
㉘じょうえいの禁止。
㉙ひていい的な意見。
㉚転んでこっせつする。
㉛ちゅうがえりする。
㉜空手のりゅうは。
㉝さくりゃくをめぐらす。
㉞はいざらを持ち歩く。
㉟せいかをともす。
㊱まんちょうをむかえる。
㊲はらの内を明かす。
㊳かくしん的な考え方。
㊴いえきが出る。
㊵ようちゅうを育てる。
㊶自然のしんぴ。
㊷一組のゆうしょうだ。
㊸ほんぞんを拝(おが)む。
㊹こんなんを越(こ)える。
㊺とうぎを重ねる。
㊻情報のていきょう。
㊼のうてんから声を出す。
㊽たいしょ法を考える。
㊾かいけんの案が出る。
㊿かたあしをつっこむ。

テスト4

1 漢字の読み方を書こう。

何度も取り組むために、なるべく書き込まずにノートで練習しよう。

1回目 2回目 3回目

解答 ▼別冊45ページ

①砂鉄を集める。
②美しい皇后さま。
③風が激しい。
④単純な問題。
⑤混乱をしずめる。
⑥美しい容姿。
⑦奮起して学ぶ。
⑧夕暮れ時に帰る。
⑨貴族の文化。
⑩冷蔵庫で保管する。
⑪最善のやり方。
⑫垂直に交わる。
⑬名前を呼ぶ。
⑭寺を拝観する。
⑮ごみを取り除く。
⑯山の頂上の景色。
⑰図書館に勤める。
⑱地図を拡大する。
⑲演奏会を開く。
⑳手を洗う。
㉑座席が空く。
㉒権利を得る。
㉓台風の翌日。
㉔先生に敬語で話す。
㉕建物の裏側。
㉖ニワトリの卵。
㉗寸法をはかる。
㉘指示に従う。
㉙存亡の危機。
㉚空腹をしのぐ。
㉛暖かい日ざし。
㉜誠実に対応する。
㉝尊敬を集める。
㉞簡易的な方法。
㉟川に沿う道を歩く。
㊱商品を宣伝する。
㊲役所の窓口。
㊳伝承を調べる。
㊴頭脳をきたえる。
㊵胃薬を飲む。
㊶準備体操をする。
㊷意見を尊重する。
㊸クラス担任の先生。
㊹心が痛む。
㊺納入した商品。
㊻宗派の異なる寺。
㊼戸を閉める。
㊽背を向ける。
㊾国家の興亡。
㊿意欲的なふるまい。

2 漢字にして書こう。

何度も取り組むために、なるべく書き込まずにノートで練習しよう。

1回目 2回目 3回目

解答 ▼別冊45ページ

① しょせつ入り乱(みだ)れる。
② 観光地をたずねる。
③ ばんねんの作品。
④ 戦国武将(せんごくぶしょう)のかけい図。
⑤ うたがいが晴れる。
⑥ 作家のせいたんの地。
⑦ 武器をそうびする。
⑧ ぶしょを移る。
⑨ しゅうぎいん議員選挙。
⑩ かんしょうにふける。
⑪ おんぎがある。
⑫ みとめ印を押(お)す。
⑬ 災害のきぼ。
⑭ 相手にこうさんする。
⑮ 飛行機のそうじゅう。
⑯ さとうを入れる。
⑰ しょくよくがない。
⑱ べんきょうづくえ。
⑲ 人物とはいけい。
⑳ ドイツ語のつうやく。
㉑ 言動をりっする。
㉒ しゅくてきと戦う。
㉓ おすい物を飲む。
㉔ くちべにをぬる。
㉕ かいしゅうの意思。
㉖ いちらんにまとめる。
㉗ ふたんを減らす。
㉘ 水分のじょうはつ。
㉙ しきゅう取り寄せる。
㉚ こうそうビル。
㉛ いずみの水をくむ。
㉜ じょうりょくじゅ。
㉝ しゃくが足りない。
㉞ げんかくに取りしまる。
㉟ おやふこうをわびる。
㊱ めいゆうと協力する。
㊲ ねふだの貼(は)り替(か)え。
㊳ ちちを吸う赤ん坊(ぼう)。
㊴ きょうど料理。
㊵ スイカをわる。
㊶ 目をとじる。
㊷ 神仏をとうと(たっと)ぶ。
㊸ ぶんたんを決める。
㊹ ひつうな表情。
㊺ 飛行機をかくのうする。
㊻ 自動でかいへいする。
㊼ 父のせびろ。
㊽ うらかたを務める。
㊾ よっきゅうを満たす。
㊿ ぼうこくの民。

自分が考えた最強の勉強方法を書き出してみよう。

自分のけテぶれを6つのポイントで振り返ってみよう。

今までの「大分析」を見返して、自分の最強の勉強方法について考えてみましょう。

分析のポイント	テストのポイント	計画のポイント

やる気アップのコツ	集中力アップのコツ	練習のポイント

この問題集では、漢字の勉強をしつつ、「けテぶれ」という勉強の方法について学び、身に付けてきました。

自分で勉強をするときには、「計画、テスト、分析、練習」のサイクルを回せばいい、ということがわかったでしょうか。

そして、右のページには、そのサイクルを実際に回してみてわかったポイントを書き込むことができたでしょうか。これこそが、この本で得られる最大の学びです。自分にあった学び方、自分なりの成功の秘訣。これは、「自分でやってみて、その結果から、自分で見つけ出す」ことでしか手に入らないのです。

第1章でお伝えしたことを思い出してください。勉強というゲームでレベルアップするのは「自分自身」でしたね。その「自分自身」をレベルアップさせるための方法や秘訣が見えてきた、ということです。これはとてもすごいことなのですよ。

今後も自分で勉強をするときや、習い事やクラブで自分で練習をするときにはぜひ、ぜひ、右に書いたコツやポイントを使ってみてください。そして、その感覚をまた自分で振り返って、あなた自身の「けテぶれ」をどんどんみがき上げてください。きっとそれは、あなたの人生を支える、とても大切で強力な知恵となるでしょう。

そしてもう一つ。この問題集を通じて、「自分でやる」ということの価値や楽しさに気づけたでしょうか。自分で考えて、自分でやってみて、自分で結果を受け取り、そこからまた自分の足で一歩進む。これって、本当に楽しいことなのです。

でも、自分でやるってどうやるの？　そのための合言葉こそ「けテぶれ」です。これからもぜひ、あなたなりの「けテぶれ」をみがき続け、自分の人生を、自分で歩む、頼もしい大人になってください。

この問題集を手に取ってくれてありがとう！

2023年1月吉日　葛原　祥太

著者　葛原 祥太

兵庫県の公立小学校教員。1987年、大阪府生まれ。同志社大学を卒業後、兵庫教育大学大学院を修了し、現職に就く。2019年に刊行した『「けテぶれ」宿題革命！』(学陽書房)は、発売後即重版。教師向け教育書としては異例の2万部を売り上げ、今なお重版がかかり続けている。2020年には朝の情報番組「ノンストップ!」で取り上げられ、話題になる。全国で「けテぶれ」に取り組む学校が急増しており、ボトムアップでの教育改革に取り組んでいる。2022年には、子どもたち自身が読める『マンガでわかる　けテぶれ学習法』(KADOKAWA)を刊行し、こちらも発売後即重版。子どもたちに「けテぶれ」を伝える取り組みを続けている。

イラスト・漫画　雛川 まつり

兵庫県・淡路島在住のイラストレーター。小説作品の装画のほか、学校・図書館の児童向け学習マンガなどを手掛ける。第22回電撃大賞〈イラスト金賞〉受賞・第1回新コミックエッセイプチ大賞受賞。装画・挿絵・漫画を担当したものに、『今日は何の日?　366日の感動物語』(学研プラス)、『黄昏公園におかえり』(ドワンゴIIV)などがある。

装丁／AFTERGLOW
校正／株式会社鷗来堂
編集協力／有限会社マイプラン、沖元友佳

けテぶれ学習法　漢字練習　小学6年生

2023年２月25日 初版発行

[　著　　者　]　葛原 祥太
[イラスト・漫画]　雛川 まつり
[　発 行 者　]　山下 直久
[　発　　行　]　株式会社KADOKAWA
〒102-8177
東京都千代田区富士見2-13-3
電話 0570-002-301(ナビダイヤル)
[　印 刷 所　]　株式会社加藤文明社印刷所

●お問い合わせ
https://www.kadokawa.co.jp/(「お問い合わせ」へお進みください)
※内容によっては、お答えできない場合があります。
※サポートは日本国内のみとさせていただきます。
※Japanese text only

定価はカバーに表示してあります。

ISBN 978-4-04-606042-6　C6081

漢字練習 小学6年生

解答・解説

この別冊を取り外すときは，本体からていねいに引き抜いてください。
なお，この別冊抜き取りの際に損傷が生じた場合の
お取り替えはお控えください。

KADOKAWA

漢字学習【1】

問題 ▼本冊20ページ

第1タームの1

解答

① 胃薬（いぐすり）
② 異常（いじょう）
③ 遺産（いさん）
④ 地域（ちいき）
⑤ 宇宙（うちゅう）
⑥ 映る（うつ〈る〉）
⑦ 延期（えんき）
⑧ 沿う（そ〈う〉）
⑨ 恩人（おんじん）
⑩ 我（われ）

テ 書き 丸付けのポイント

胃　はらわない

① 胃薬 ⑪ 胃液

上は「田」、下は「月」を書くが、○の部分、左にはらわないので注意。「田」より「月」を細く書く。

異　田を書く

② 異常 ⑫ 異議

上は「田」、下は「共」を書く。「異議」とは、「反対意見」のこと。「価値（かち）・値打（ねう）ち」という意味の「意義」と区別する。

遺　上下につき出す

③ 遺産 ⑬ 遺伝

○の部分、上下につき出して書く。「遺産」の「遺」と、「遣唐使（けんとうし）」の「遣」はまちがえやすいので注意。

④ 地域 ⑭ 領域

○の部分の右上へのはらいを書き忘れない。「地域・領域」など、「域」は「さかい・範囲（はんい）」という意味を表す。

⑤ 宇宙 ⑮ 宇宙

○の部分、縦画（たてかく）の書き始めの位置に注意。「宇宙」は、「宇」も「宙」も「そら」という意味を表す漢字。

⑪ 胃液（いえき）

⑫ 異議（いぎ）

⑬ 遺伝（いでん）

⑭ 領域（りょういき）

⑮ 宇宙（うちゅう）

⑯ 上映（じょうえい）

⑰ 延ばす（の〈ばす〉）

⑱ 沿革（えんかく）

⑲ 恩義（おんぎ）

⑳ 我先（われさき）

映

つき出す

⑥映（る）　⑯上映

○の部分、上につき出して書くことに注意。「上映」とは、「映画を画面に映して観客に見せること」。

延

はらう

⑦延期　⑰延（ばす）

○の部分は、「正」とはちがって左下へはらうことに注意。「延ばす」は「期日や期限を先にする」こと。

⑧沿（う）　⑱沿革

○の部分は、くっつけずに、少し空けて書く。「浴」と似ているので注意。「沿革」は「物事の移り変わり」のこと。

⑨恩人　⑲恩義

口の中には「大」を書く。「困」とまちがえないように注意。「恩義」とは、「恩を受けた義理」のこと。

⑩我　⑳我先

はらう向きや点の位置に注意して書くこと。「我先に」とは、「自分が先になろうと先を争うさま」のこと。

漢字学習［2］

問題 ▼本冊24ページ

解答

第1タームの2

①灰色（はいいろ）
②拡大（かくだい）
③改革（かいかく）
④内閣（ないかく）
⑤割る（わ（る））
⑥株式（かぶしき）
⑦干し（ほ（し））
⑧巻末（かんまつ）
⑨看板（かんばん）
⑩簡略（かんりゃく）

テ 書き　丸付けのポイント

灰（縦画不要）

① 灰色　⑪ 灰皿

「まだれ」ではなく「がんだれ」なので、○の部分に縦画（たてかく）は不要。普通（ふつう）は「はい」と読むが、「石灰」は「せっかい」と読む。

拡（はねる）

② 拡大　⑫ 拡張

「てへん」の縦画ははねる。「拡張」は、「範囲（はんい）や規模（きぼ）などを広げて大きくすること」で、似た意味の漢字を組み合わせた熟語（じゅくご）。

革（忘れずに）

③ 改革　⑬ 革新

○の部分の横画を忘れない。「革新的」は、「古くからの習慣や制度などを新しく変えようとすること」。対義語は「保守的」。

閣（はねる）

④ 内閣　⑭ 入閣

○の部分ははねる。「関」と形が似ているので注意。「閣」は、「門」が意味を表し「各（かく）」が音を表す漢字。

割（はねる）

⑤ 割（る）　⑮ 割引

○の部分ははねる。「割る」は、「いくつかに分けて離（はな）す」という意味なので、「刀」を意味する「りっとう」が部首。

⑪灰皿（はいざら）

⑫拡張（かくちょう）

⑬革新（かくしん）

⑭入閣（にゅうかく）

⑮割引（わりびき）

⑯古株（ふるかぶ）

⑰干潮（かんちょう）

⑱巻貝（まきがい）

⑲看護（かんご）

⑳簡易（かんい）

株

つき出す

⑥株式 ⑯古株

○の部分は、上につき出して書く。「古株」とは、「その社会や集団などに古くからいる人」のこと。

⑦干（し） ⑰干潮

○の部分は、上につき出さない。横画は上を短く、下を長く書く。「干潮」とは、「海水面が最も低くなる現象」のこと。

⑧巻末 ⑱巻貝

右はらいの書き始めの位置に注意。「券」とまちがえないこと。「巻」は「まく」または「書物」という意味を表す。

⑨看板 ⑲看護

○の部分は、「日」ではなく「目」を書く。横画の本数に注意。「看」は、「注意して見る」という意味を表す。

⑩簡略 ⑳簡易

○の部分には、「日」を書く。「時間」の「間（かん）」が下につくので、「簡」も「かん」と読む。

漢字学習 [3]

問題 ▼本冊28ページ

第1タームの3

解答

① 危ない（あぶ〈ない〉）
② 机（つくえ）
③ 発揮（はっき）
④ 貴族（きぞく）
⑤ 疑問（ぎもん）
⑥ 吸引（きゅういん）
⑦ 提供（ていきょう）
⑧ 胸（むね）
⑨ 郷土（きょうど）
⑩ 勤める（つと〈める〉）

テ 書き　丸付けのポイント

① 危（ない）　⑪ 危機

五画目と六画目のはねる向きに注意。六画目は五画目よりも右の位置ではねる。六画目は折れずに曲げることにも注意。

② 机　⑫ 勉強机

〇の部分は「几」とちがい、上をつなげて書く。「机」を使ったことわざに「机上の空論（実際には役立たない議論）」がある。

③ 発揮　⑬ 指揮

「車」の上の「冖」を忘れずに書く。「発揮」とは、「持っている力や特性などを表に出して働かせること」。

④ 貴族　⑭ 高貴

〇の部分は、上下につき出して書くことに注意。「高貴」とは、「身分や家柄が高く気品があること」。

⑤ 疑問　⑮ 疑（い）

〇の部分、はねるのを忘れないこと。字の右側と左側を反対に書かないように注意。「矢」の最後の画は、はらわずとめる。

⑪ 危機（きき）
⑫ 勉強机（べんきょうづくえ）
⑬ 指揮（しき）
⑭ 高貴（こうき）
⑮ 疑い（うたが〈い〉）
⑯ 吸い（す〈い〉）
⑰ 子供（こども）
⑱ 度胸（どきょう）
⑲ 故郷（こきょう）
⑳ 勤続（きんぞく）

吸
忘れずに

⑥ 吸引　⑯ 吸（い）

右側は「乃」ではない。○の部分のはらいを忘れずに書く。五画目は、二回折れてはらうまでを一画で書くことに注意。

供
縦２本つき出す

⑦ 提供　⑰ 子供

○の部分は、縦（たて）に二本、上につき出して書く。「提供」とは、「自分の持っているものを他の人に役立つように差し出すこと」。

胸
忘れずに

⑧ 胸　⑱ 度胸

○の部分のはらいを忘れずに書く。「胸を張る」とは、「胸をそらせ、自信に満ちた態度をとる」こと。

郷
忘れずに

⑨ 郷土　⑲ 故郷

○の部分のはらいを忘れない。はらう向きにも注意。八画目はとめる。「郷土」とは、「ある地方・土地」のこと。

勤
横画３本

⑩ 勤（める）　⑳ 勤続

○の部分の横画は三本。三本目は右上に向かってはらうことにも注意。「勤める」は、「職員として働く」という意味で使う。

漢字学習

問題
▼本冊32ページ

解答

第1タームの4

① 筋道（すじみち）
② 系統（けいとう）
③ 敬語（けいご）
④ 警告（けいこく）
⑤ 演劇（えんげき）
⑥ 激しい（はげ（しい））
⑦ 岩穴（いわあな）
⑧ 発券（はっけん）
⑨ 絹（きぬ）
⑩ 人権（じんけん）

テ 書き 丸付けのポイント

① 筋道 ⑪ 腹筋

右側は「刀」ではなく「力」。○の部分は、はらう。体の部分に関係のある字には「月」がつくことが多い。

系

忘れずに

② 系統 ⑫ 家系

○の部分のはらいを忘れない。七画目の点は、はらわずとめる。「系統」とは、「統一のあるつながり」という意味。

③ 敬語 ⑬ 敬（う）

○の部分は、はねる。部首は「くさかんむり」ではなく「のぶん」。「敬う」とは、「相手に対して礼儀（れいぎ）をつくす」こと。

④ 警告 ⑭ 警報

○の部分の中には「口」を書く。「警告」とは、「不都合な事態にならないように、前もって知らせる注意」のこと。

⑤ 演劇 ⑮ 観劇

○の部分は、はねるのを忘れない。二画目の横画や「豕」の部分の「二」も忘れやすいので注意すること。

⑪腹筋（ふっきん）
⑫家系（かけい）
⑬敬う（うやま（う））
⑭警報（けいほう）
⑮観劇（かんげき）
⑯感激（かんげき）
⑰穴蔵（あなぐら）
⑱入場券（にゅうじょうけん）
⑲絹織物（きぬおりもの）
⑳権利（けんり）

⑥激（しい）　⑯感激

「日」ではなく「白」を書く。上のはらいを忘れない。「感激」の「激」は「心を強く動かす」という意味で使われる。

穴

くっつかない

⑦岩穴　⑰穴蔵

○の部分は、くっつけずに少し空けて書く。「穴の開くほど」とは、「何かをじっと見つめる様子」を表す表現。

⑧発券　⑱入場券

六画目の右はらいの書き始めの位置に注意。下には「力」ではなく「刀」を書く。「巻」とまちがえないように注意。

絹

はらわない

⑨絹　⑲絹織物

○の部分は、はらわずとめる。「絹糸（きぬいと）」は、蚕(かいこ)の繭(まゆ)からとった糸で、「けんし」と読むこともある。

権

通る位置

⑩人権　⑳権利

○の部分のはらいは、「隹」まで続けて書く。「権利」とは、「物事を自分の意志で行ったり、他人に要求したりできる資格」。

漢字学習

問題 ▼本冊36ページ

解答

第1タームの5

①憲法（けんぽう）
②電源（でんげん）
③厳しい（きび〈しい〉）
④自己（じこ）
⑤呼ぶ（よ〈ぶ〉）
⑥誤差（ごさ）
⑦皇后（こうごう）
⑧孝行（こうこう）
⑨皇居（こうきょ）
⑩紅葉（こうよう）

テ 書き 丸付けのポイント

憲
横画３本

①憲法 ⑪改憲

〇の部分の横画は三本。長さのちがいに注意。その下は「四」ではなく、縦（たて）にまっすぐ二本書く。

源
忘れずに

②電源 ⑫源

〇の部分のはらいを忘れない。「源（みなもと）」とは、「物事の起こりはじめるもと」のこと。

厳
つき出さない

③厳（しい）⑬厳格

〇の部分は「耳」とはちがい、右につき出さない。「厳格」とは、「規律（きりつ）にきびしく、不正を許さないこと」。

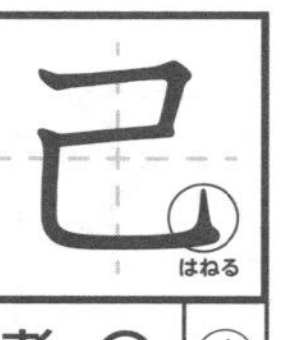

④自己 ⑭利己

〇の部分ははねる。「利己的」とは、「自分の利益だけを中心に考え、他の人のことを考えないで行動するさま」のこと。

⑤呼（ぶ）⑮点呼

右側は「平」とちがい、上ははらい、下ははねる。「点呼」とは、「一人ひとりの名前を呼んで、いるか確かめること」。

⑪ 改憲（かいけん）
⑫ 源（みなもと）
⑬ 厳格（げんかく）
⑭ 利己（りこ）
⑮ 点呼（てんこ）
⑯ 誤る（あやま（る））
⑰ 皇太后（こうたいごう）
⑱ 親不孝（おやふこう）
⑲ 皇子（おうじ）
⑳ 口紅（くちべに）

⑥誤差　⑯誤（る）

十二画目は、縦横縦までを一画で書く。「誤る」は、「失敗する」という意味で、「わびる」という意味の「謝る」と区別する。

⑦皇后　⑰皇太后

○の部分は、はらいと「二」が接していることに注意。「皇后」とは、「天皇（てんのう）の正妻・きさき」のこと。

⑧孝行　⑱親不孝

○の部分のはらいの、通る位置に注意。「土」より上につき出るように書く。「孝行」とは、「人を大切にすること」。

⑨皇居　⑲皇子

「日」ではなく「白」を書く。「おうじ」は、「王」の子を「王子」、「天皇・皇帝（こうてい）」の子を「皇子」と表記する。

⑩紅葉　⑳口紅

右側は、「土」ではなく「工」を書く。上よりも下の横画を少し長く書く。「紅葉」は「もみじ」とも読む。

漢字学習 [6]

問題 ▼本冊44ページ

解答

第2タームの1

① 降りる（お（りる））
② 鋼材（こうざい）
③ 時刻（じこく）
④ 雑穀（ざっこく）
⑤ 骨折（こっせつ）
⑥ 困る（こま（る））
⑦ 砂場（すなば）
⑧ 座席（ざせき）
⑨ 済ます（す（ます））
⑩ 裁く（さば（く））

テ 書き 丸付けのポイント

降
つき出す

① 降（りる） ⑪ 降参

〇の部分、左につき出して書くことに注意。「降参」とは、「戦いや争いに負け、相手に従(したが)うこと」。

鋼
形に注意

② 鋼材 ⑫ 鋼鉄

〇の部分は、接している部分と離(はな)れている部分に気をつける。「鋼」は、「はがね」とも読み、「かたくした鉄」を意味する。

刻
はらわない

③ 時刻 ⑬ 刻（む）

〇の部分の点は、はらわずとめる。接する位置にも注意。「心に刻む」とは、「深く心に留(とど)めて忘れない」ということ。

穀
忘れずに

④ 雑穀 ⑭ 穀倉

三画目の横画は、上の横画より短い。その下の「冖」を忘れないこと。穀物に関する字には「禾」が使われる。

⑤ 骨折 ⑮ 骨組（み）

上の〇の部分は、「口」ではなく、縦画(たてかく)にくっついていることに注意。下の〇の部分は、はらわずとめる。

⑪降参（こうさん）
⑫鋼鉄（こうてつ）
⑬刻む（きざ〈む〉）
⑭穀倉（こくそう）
⑮骨組み（ほねぐ〈み〉）
⑯困難（こんなん）
⑰砂鉄（さてつ）
⑱口座（こうざ）
⑲経済（けいざい）
⑳裁決（さいけつ）

⑥困（る）⑯困難

中には「木」を書く。形の似ている「因」とまちがえない。「困難」とは、「物事をするのが非常に難しいこと」。

⑦砂場 ⑰砂鉄

「砂」は「小さな石のつぶ」という意味だが、「小」ではなく「少」を書く。「土砂（どしゃ）」のように「しゃ」と読むこともある。

⑧座席 ⑱口座

○の部分の縦画は上まで長く書く。左右に「人」を書くが、どちらも二画目ははらわないことに注意。

⑨済（ます）⑲経済

○の部分は、はねない。「月」と似ているが、上の横画がないことにも注意。「済ます」とは、「物事を全部してしまうこと」。

⑩裁（く）⑳裁決

○の部分は、はらう画ととめる画を正確に書く。「裁く」とは、「正しいこととまちがっていることの判断をする」こと。

漢字学習【7】

問題 ▼本冊48ページ

解答 第2タームの2

①散策（さんさく）
②冊子（さっし）
③蚕（かいこ）
④至る（いた〔る〕）
⑤公私（こうし）
⑥姿（すがた）
⑦視点（してん）
⑧歌詞（かし）
⑨日誌（にっし）
⑩磁力（じりょく）

テ 書き　丸付けのポイント

① 散策　⑪ 策略

上の〇の部分は、上につき出して書く。下の〇の部分は、「冖」ではなく「冂」の形。はねる向きに注意すること。

② 冊子　⑫ 別冊

横画は、左右につき出して書く。縦画（たてかく）は、中に二本書くことにも注意。「短冊（たんざく）」のように「さく」と読むこともある。

③ 蚕　⑬ 養蚕

四画目の右はらいの書き始めの位置に注意。二本の横画は、上の方が少し長い。「蚕」は「カイコガの幼虫（ようちゅう）」のこと。

④ 至（る）　⑭ 至急

〇の部分の点を忘れない。「至る所」とは、「あらゆる場所」のこと。「至急」とは、「非常に急ぐこと」。

⑤ 公私　⑮ 私語

左側は「木」ではなく「禾」。上のはらいを忘れずに書く。「公私」とは、「公共や公務に関わること」と「私に関すること」の意味。

⑪策略（さくりゃく）
⑫別冊（べっさつ）
⑬養蚕（ようさん）
⑭至急（しきゅう）
⑮私語（しご）
⑯容姿（ようし）
⑰重視（じゅうし）
⑱品詞（ひんし）
⑲雑誌（ざっし）
⑳磁針（じしん）

⑥姿　⑯容姿

○の部分は、「さんずい」ではなく「にすい」。「容姿」とは、「顔だちと体つき・すがたかたち」のこと。

視

はねる

⑦視点　⑰重視

○の部分は、上にはねる。「視」は、「見る・みなす」という意味を表す字なので、部首は「ネ」ではなく「見」。

詞

はねる

⑧歌詞　⑱品詞

○の部分は、はねる。「詞」は、「歌うために書かれる言葉」を意味し、「詩」は「読むために書かれる言葉」を意味する。

誌

上が長い

⑨日誌　⑲雑誌

○の部分は、「土」ではなく、上の横画を長く書く。「日誌」や「雑誌」のように、「誌」は「書き記す」という意味を表す。

⑩磁力　⑳磁針

○の部分は、点を二つ書く。点の向きに注意。「磁」は、「磁石（じしゃく）」だけでなく、「磁器（じき）」のように「焼き物」の意味もある。

漢字学習 [8]

問題 ▼本冊52ページ

解答 第2タームの3

① 射る（い〔る〕）
② 捨てる（す〔てる〕）
③ 尺（しゃく）
④ 若い（わか〔い〕）
⑤ 樹木（じゅもく）
⑥ 収める（おさ〔める〕）
⑦ 宗派（しゅうは）
⑧ 就学（しゅうがく）
⑨ 公衆（こうしゅう）
⑩ 従う（したが〔う〕）

テ 書き 丸付けのポイント

① 射（る） ⑪ 反射

〇の部分は、つき出た位置からはらうことに注意。「射」は、「矢を放つ」以外に「勢いよく出す」という意味もある。

② 捨（てる） ⑫ 取捨

〇の部分は、下の横画を長く書く。「取捨」は「取る」と「捨てる」で、反対の意味の字を組み合わせた熟語（じゅくご）。

③ 尺 ⑬ 尺度

〇の部分の接する位置に注意。「尺」は「長さ」のこと。よって、「尺が足りない」は「長さが足りない」こと。

④ 若（い） ⑭ 若者

〇の部分は、上につき出して書く。「わか（い）」以外に、「老（ろう）若男女（にゃくなんにょ）」の「にゃく」や「若干（じゃっかん）」の「じゃく」の読みもある。

⑤ 樹木 ⑮ 常緑樹

〇の部分は、右上にはらう。「木」は、「小さな木や材木」を意味するが、「樹」は、「生えている大きな樹木」を意味する。

⑪反射（はんしゃ）
⑫取捨（しゅしゃ）
⑬尺度（しゃくど）
⑭若者（わかもの）
⑮常緑樹（じょうりょくじゅ）
⑯回収（かいしゅう）
⑰改宗（かいしゅう）
⑱就任（しゅうにん）
⑲衆議院（しゅうぎいん）
⑳従事（じゅうじ）

⑥収（める）⑯回収

○の部分は、右上に折れる。「収める」は、「中に入れる」という意味。同訓の「納める・修める」などとの使い分けに注意。

忘れずに

⑦宗派 ⑰改宗

○の部分の「二」を忘れない。横画は、下を長く書く。「宇」とは、縦画（たてかく）の書き始めの位置がちがうので注意する。

⑧就学 ⑱就任

○の部分の書き始めの位置に注意。「就学」とは、「教育を受けるために学校、特に小学校に入ること」。

⑨公衆 ⑲衆議院

○の部分は、はねない。下のはらいの数や向きに注意すること。「公衆」とは、「社会一般（いっぱん）の人々」のこと。

⑩従（う）⑳従事

「にんべん」ではなく「ぎょうにんべん」。「徒」とまちがえない。「従う」は、「あとに続く・その通りにする」という意味。

漢字学習【9】

問題 ▼本冊56ページ

第2タームの4

解答

① 縦（たて）
② 縮む（ちぢ〈む〉）
③ 熟知（じゅくち）
④ 単純（たんじゅん）
⑤ 処分（しょぶん）
⑥ 部署（ぶしょ）
⑦ 諸国（しょこく）
⑧ 除く（のぞ〈く〉）
⑨ 伝承（でんしょう）
⑩ 将来（しょうらい）

書き　丸付けのポイント

縦　忘れずに

① 縦　⑪ 操縦
○の部分は、「にんべん」ではなく「ぎょうにんべん」を書くことに注意。「操縦」を「操従」と書かないこと。

縮　忘れずに

② 縮（む）　⑫ 短縮
「宀」の下の「イ」や、○の部分の横画・はらいを忘れずに書く。読みは、「ちじ（む）」ではなく「ちぢ（む）」と表記する。

熟　忘れずに

③ 熟知　⑬ 未熟
「子」の横画は、右上へはらう。「丸」を「九」にしないこと。「熟知」とは、「よく知っていること」。

純　つき出す

④ 単純　⑭ 純金
○の部分は、縦画（たてかく）をはらいより上につき出して書く。その下は「口」ではなく「凵」であることにも注意する。

処　長く

⑤ 処分　⑮ 対処
○の部分は、「几」の下まで長くはらうこと。「対処」とは、「状況（じょうきょう）にあわせて適切な処置をとること」。

⑪ 操縦（そうじゅう）
⑫ 短縮（たんしゅく）
⑬ 未熟（みじゅく）
⑭ 純金（じゅんきん）
⑮ 対処（たいしょ）
⑯ 署名（しょめい）
⑰ 諸説（しょせつ）
⑱ 除雪（じょせつ）
⑲ 承知（しょうち）
⑳ 大将（たいしょう）

署

縦2本

⑥ 部署　⑯ 署名

○の部分は、縦画を二本書く。「暑」とまちがえないこと。「署」は、「役所」や「名前を書き記す」という意味を表す。

諸

忘れずに

⑦ 諸国　⑰ 諸説

○の部分のはらいを忘れずに書く。「諸」には、「いろいろの・いくつかの・多くの」という意味がある。

⑧ 除（く）　⑱ 除雪

○の部分、「示」とは縦画の書き始めの位置がちがうので注意。「除く」は、「取ってなくす・のける」という意味。

⑨ 伝承　⑲ 承知

○の部分の横画は三本。「伝承」とは、「言い伝えや風習など、古くから受けつがれて伝えられたこと」。

⑩ 将来　⑳ 大将

○の部分のはらいを忘れずに。下の「ツ」の点の向きにも注意。「大将」とは、「軍の指揮（しき）・統率をする者」のこと。

漢字学習 【10】

第2タームの5

解答

① 傷口（きずぐち）
② 故障（こしょう）
③ 蒸発（じょうはつ）
④ 針（はり）
⑤ 仁愛（じんあい）
⑥ 垂らす（た〈らす〉）
⑦ 推理（すいり）
⑧ 寸前（すんぜん）
⑨ 盛り（も〈り〉）
⑩ 聖火（せいか）

問題 ▼本冊60ページ

テ 書き 丸付けのポイント

① 傷口 ⑪ 感傷

○の部分の「ー」を忘れずに書く。「感傷」とは、「物事に感じて心をいためること」。同音の「観賞」などと区別する。

② 故障 ⑫ 保障

○の部分は、「土」ではなく「立」を書く。「障」は、「さえぎる・じゃまをする」という意味を表す。

③ 蒸発 ⑬ 蒸留

○の部分の「一」を忘れずに書くこと。「蒸」には「ジョウ」以外に、「蒸(む)す・蒸(む)れる・蒸(む)らす」という読みもある。

④ 針 ⑭ 方針

○の部分は、右上へはらうことに注意。「方針」の「針」は、「目指す方向」という意味を表している。

⑤ 仁愛 ⑮ 仁義

右側の「二」は下を長く書く。「仁愛」は、「情け深い心で、人を思いやること」。「にあい」ではなく「じんあい」と読む。

⑪ 感傷（かんしょう）
⑫ 保障（ほしょう）
⑬ 蒸留（じょうりゅう）
⑭ 方針（ほうしん）
⑮ 仁義（じんぎ）
⑯ 垂直（すいちょく）
⑰ 類推（るいすい）
⑱ 寸法（すんぽう）
⑲ 盛大（せいだい）
⑳ 聖書（せいしょ）

⑥ 垂（らす）⑯ 垂直

横画の本数に注意。三画目の横画を長く書く。「甘」のようにならないよう、つき出す画を正確に覚えること。

⑦ 推理 ⑰ 類推

○の部分のはらいは、角に接するように書くこと。「類推」とは、「似た点をもとに、他の見当をつけること」。

⑧ 寸前 ⑱ 寸法

○の部分は、はねる。「寸前」とは、「ほんのわずか手前」のこと。「寸」は長さの単位で、「一寸」は約三・〇三センチ。

⑨ 盛（り）⑲ 盛大

○の部分は、はねる。「成」の点やはらいを忘れない。「盛り返す」とは、「いったん衰（おとろ）えた勢いを再び盛（さか）んにする」こと。

⑩ 聖火 ⑳ 聖書

○の部分は、右につき出さない。「聖」は、「けがれていない」という意味を表し、クリスマスイブのことを「聖夜（せいや）」という。

漢字学習 11

問題 ▼本冊68ページ

第3タームの1

解答

① 誠実（せいじつ）
② 舌先（したさき）
③ 宣伝（せんでん）
④ 専門（せんもん）
⑤ 泉（いずみ）
⑥ 洗う（あら〈う〉）
⑦ 染める（そ〈める〉）
⑧ 金銭（きんせん）
⑨ 最善（さいぜん）
⑩ 演奏（えんそう）

テ 書き 丸付けのポイント

① 誠実 ⑪ 忠誠

〇の部分は、はねる。「忠誠」とは、「忠実で正直な心」のこと。「誠」を「まこと」と読むこともある。

② 舌先 ⑫ 舌足（らず）

〇の部分は左下へはらう。「舌足らず」とは、「言い方がはっきりしないさま」や「言葉が十分ではないさま」のこと。

③ 宣伝 ⑬ 宣告

〇の部分の「一」を忘れない。また、「旦」としてしまわないように注意。「宣告」とは、「告げ知らせること」。

④ 専門 ⑭ 専念

「博」とはちがって、〇の部分に点をつけないように注意。「専念」とは、「一つのことに心を集中すること」。

⑤ 泉 ⑮ 温泉

「日」ではなく「白」を書く。「泉」は、「水のわき出るところ」という意味で、「温泉」「源泉」などの熟語がある。

⑪ 忠誠（ちゅうせい）

⑫ 舌足らず（したた〔らず〕）

⑬ 宣告（せんこく）

⑭ 専念（せんねん）

⑮ 温泉（おんせん）

⑯ 洗練（せんれん）

⑰ 草木染め（くさきぞ〔め〕）

⑱ 銭湯（せんとう）

⑲ 善良（ぜんりょう）

⑳ 奏者（そうしゃ）

⑥ 洗（う）　⑯ 洗練

○の部分は、つき出す。「洗」は、「水」の意味と「先（せん）」の音を合わせた漢字。「洗練」とは、「よりよくすること」。

⑦ 染（める）　⑰ 草木染（め）

○の部分は「さんずい」。「さんずい」は左に大きく書かず、「木」の上に収（おさ）まるように書くこと。

⑧ 金銭　⑱ 銭湯

右側の横画は三本。○の部分の点を忘れずに書く。「銭（せん）」は、「昔のお金の単位」で、「一円の百分の一」を表す。

⑨ 最善　⑲ 善良

横画の本数に注意。九画目の横画を一番長く書く。「善良」は、「善」「良」ともに「よい」という意味を表す熟語。

⑩ 演奏　⑳ 奏者

○の部分、右はらいの書き始めの位置に注意。二本目の横画からはらう。下は「天」ではなく、上を短く書く。

漢字学習【12】問題 ▼本冊72ページ

テ 書き　丸付けのポイント

第3タームの2

解答

①窓口（まどぐち）
②創る（つく〈る〉）
③装備（そうび）
④地層（ちそう）
⑤体操（たいそう）
⑥冷蔵（れいぞう）
⑦臓器（ぞうき）
⑧保存（ほぞん）
⑨尊重（そんちょう）
⑩尊ぶ（とうと〈たっと〉〈ぶ〉）

窓
曲げる

①窓口　⑪同窓
○の部分は、はらわず曲げる。「公」と書かないこと。「同窓」とは、「同じ学校または同じ師について学んだ」という意味。

②創（る）　⑫創作
○の部分の横画を忘れずに書く。「創る」は、「芸術作品など、新しいものをつくる」という意味で使われる。

③装備　⑬改装
○の部分の横画は、下を短く書く。「装」は、「衣服を身に着ける」という意味の字で「よそお（う）」という読みもある。

④地層　⑭高層
○の部分には「日」を書く。上の「田」よりも「日」を細く書くこと。「高層」とは、「何層にも高く重なっていること」。

⑤体操　⑮操作
○の部分には、「口」を三つ書く。上の「口」を少し横長に書くとよい。「操作（そうさ）」を「そうさく」と読まないこと。

⑪同窓（どうそう）
⑫創作（そうさく）
⑬改装（かいそう）
⑭高層（こうそう）
⑮操作（そうさ）
⑯蔵書（ぞうしょ）
⑰内臓（ないぞう）
⑱存在（そんざい）
⑲本尊（ほんぞん）
⑳尊敬（そんけい）

蔵

巨ではない

⑥冷蔵　⑯蔵書

○の部分には、「巨」ではなく「臣」を書く。「蔵書」とは、「書物を所蔵していることや、その書物のこと」。

臓

はらう

⑦臓器　⑰内臓

○の部分は、はらう。右側は点やはらいを忘れずに書く。身体の部分を表す漢字には、「月（にくづき）」がつくものが多い。

存

少し出す

⑧保存　⑱存在

○の部分は、上に少し出して書く。「存在」は形の似ている字どうしの熟語（じゅくご）なので、上下が逆にならないように注意。

⑨尊重　⑲本尊
⑩尊（ぶ）　⑳尊敬

○の部分の横画を忘れずに。「尊」の訓読みは「とおと（い）」ではなく「とうと（い）」と表記することにも注意。

漢字学習［13］

問題 ▼本冊76ページ

解答 第３タームの３

① 引退（いんたい）
② 宅配（たくはい）
③ 担当（たんとう）
④ 探す（さが（す））
⑤ 誕生（たんじょう）
⑥ 段落（だんらく）
⑦ 暖かい（あたた（かい））
⑧ 価値（かち）
⑨ 宙（ちゅう）
⑩ 分担（ぶんたん）

テ 書き 丸付けのポイント

① 引退 ⑪ 退（ける）

○の部分のはらいを忘れない。「良」のように上に縦画をつけない。「退ける」は、「引き下がらせる・こばむ」という意味。

② 宅配 ⑫ 帰宅

○の部分は、左下に向かってはらう。「毛」とは横画の本数がちがうので注意する。「宅」は、「家・すまい」を意味する。

③ 担当 ⑬ 負担
⑩ 分担 ⑳ 担任

○の部分の「一」を忘れずに書く。「且」としないように注意。「タン」以外に「担ぐ・担う」という読みもある。

④ 探（す） ⑭ 探検

○の部分は、「八」ではなく曲げる。「あなかんむり」ではなく、上に縦画は不要。

⑤ 誕生 ⑮ 生誕

○の部分は左下に向かってはらう。「誕生」と「生誕」は、漢字の上下を入れ替えると「生」の読み方が変わるので注意。

⑪ 退ける（しりぞ〈ける〉）

⑫ 帰宅（きたく）

⑬ 負担（ふたん）

⑭ 探検（たんけん）

⑮ 生誕（せいたん）

⑯ 階段（かいだん）

⑰ 暖色（だんしょく）

⑱ 値札（ねふだ）

⑲ 宙返り（ちゅうがえ〈り〉）

⑳ 担任（たんにん）

⑥ 段落　⑯ 階段

○の部分は、右上にはらう。横画の本数にも注意。「段落」の「段」は、「区切り」という意味を表している。

暖

横画２本

⑦ 暖（かい）　⑰ 暖色

○の部分は、横画を二本書く。「暖かい」は、「ほどよい気温である」という意味。「温かい」との使い分けに注意。

値

L字に折れる

⑧ 価値　⑱ 値札

○の部分は、「L」の形を一画で書く。「値」は、「ねだん・数の大きさ」を意味する漢字で、「あたい」という読みもある。

⑨ 宙　⑲ 宙返（り）

○の部分は、上につき出して書く。「田」ではなく「由」。「宙ぶらりん」とは、「どっちつかずで、中途半端（ちゅうとはんぱ）なさま」のこと。

漢字学習【14】

問題 ▼本冊80ページ

解答

第3タームの4

① 忠実（ちゅうじつ）
② 著者（ちょしゃ）
③ 県庁（けんちょう）
④ 頂上（ちょうじょう）
⑤ 腸内（ちょうない）
⑥ 潮風（しおかぜ）
⑦ 賃金（ちんぎん）
⑧ 苦痛（くつう）
⑨ 宿敵（しゅくてき）
⑩ 悲痛（ひつう）

テ 書き 丸付けのポイント

忠
上下につき出す

① 忠実 ⑪ 忠告

○の部分は、上下につき出して書く。「忠実」とは、「まごころをこめて仕えること」や「少しのちがいもなく正確なこと」。

著
書き始めの位置

② 著者 ⑫ 名著

○の部分のはらいの、書き始めの位置に注意。「チョ」以外に、「著(あらわ)す」「著(いちじる)しい」という読みもある。

庁
忘れずに

③ 県庁 ⑬ 庁舎

「がんだれ」ではなく「まだれ」。上の縦画(たてかく)を忘れない。「庁」は、「県庁」や「消防庁」など、「役所」という意味を表す。

頂
はねる

④ 頂上 ⑭ 絶頂

○の部分は、はねる。右側は、「貝」ではなく「頁」。「絶頂」とは、「物事の最高の状態」のこと。

腸
忘れずに

⑤ 腸内 ⑮ 大腸

○の部分の「一」を忘れないこと。「腸」は、「大腸」や「胃(い)腸(ちょう)」など、「食べ物の栄養を取り入れる器官」のことをいう。

⑪ 忠告（ちゅうこく）
⑫ 名著（めいちょ）
⑬ 庁舎（ちょうしゃ）
⑭ 絶頂（ぜっちょう）
⑮ 大腸（だいちょう）
⑯ 満潮（まんちょう）
⑰ 家賃（やちん）
⑱ 痛手（いたで）
⑲ 敵意（てきい）
⑳ 痛む（いた〈む〉）

潮
はらう

⑥ 潮風　⑯ 満潮

〇の部分は、はらう。「満潮」は、「まんちょう」と読むが、「満ち潮」と送り仮名（がな）がつくと、「みちしお」と読む。

賃
下が短い

⑦ 賃金　⑰ 家賃

〇の部分は、下の横画を短く書く。「賃」は、「人や物を使ったときにはらうお金」を意味する漢字。

痛
点を忘れずに

⑧ 苦痛　⑱ 痛手
⑩ 悲痛　⑳ 痛（む）

〇の部分の点を忘れずに書く。その下は、横画を二本書くこと。「痛手」とは、「大きい傷（きず）・大きな打撃（だげき）」という意味。

敵
はねる

⑨ 宿敵　⑲ 敵意

〇の部分は、はねる。「宿敵」とは、「ずっと前からの敵」のこと。「ちょうどよい」という意味の「適」との使い分けに注意。

漢字学習 [15] 問題 ▼本冊84ページ テ 書き 丸付けのポイント

解答 第3タームの5

① 展示（てんじ）
② 検討（けんとう）
③ 政党（せいとう）
④ 砂糖（さとう）
⑤ 届く（とど〈く〉）
⑥ 難しい（むずか〈しい〉）
⑦ 牛乳（ぎゅうにゅう）
⑧ 認める（みと〈める〉）
⑨ 納める（おさ〈める〉）
⑩ 納入（のうにゅう）

① 展示 ⑪ 発展

○の部分は、はらう。「衣」のように、左側にはらいは不要。「発展」とは、「物事がのび広がり、高い段階に進むこと」。

討
はねる

② 検討 ⑫ 討議

○の部分は、はねる。「討議」とは、「ある問題について、おたがいに意見を交わし、論（ろん）じ合うこと」。

党
ツではない

③ 政党 ⑬ 徒党

○の部分の点の向きに注意。「ツ」としないこと。「徒党を組む」とは、「よからぬことを起こそうとして集まること」。

糖
横につき出す

④ 砂糖 ⑭ 糖度

○の部分は、横につき出して書くこと。「糖度」とは、「食品にふくまれる糖分の量を表したもの」のこと。

⑤ 届（く） ⑮ 届（け）

○の部分は、上につき出して書く。「欠席届（けっせきとどけ）」のように「書類」の意味で使う時には、送り仮名（がな）はつけない。

⑪発展（はってん）
⑫討議（とうぎ）
⑬徒党（ととう）
⑭糖度（とうど）
⑮届け（とど〈け〉）
⑯非難（ひなん）
⑰乳（ちち）
⑱認め（みと〈め〉）
⑲収納（しゅうのう）
⑳格納（かくのう）

難
横画２本

⑥難（しい）　⑯非難

〇の部分の横画は二本。「勤」の左側と下の形がちがうので注意。「非難」とは、「人の欠点などを取り上げて責める」こと。

⑦牛乳　⑰乳

〇の部分は、右上へはらう。右側は、折れずに曲げて書くことに注意。「乳母」と書いて、特別に「うば」と読む。

⑧認（める）　⑱認（め）

〇の部分の点を忘れない。「認め印」とは、「印鑑（いんかん）登録がされていない、日常的に利用する印鑑」のこと。

⑨納（める）　⑲収納
⑩納入　⑳格納

〇の部分は、はらわずとめる。「納める」は、「渡（わた）すべき金や物を渡す・入れるべき所に落ち着く」という意味で使う。

漢字学習【16】

問題 ▼本冊92ページ

第4タームの1

解答

① 頭脳（ずのう）
② 派手（はで）
③ 拝む（おが〈む〉）
④ 背（せ）
⑤ 肺病（はいびょう）
⑥ 俳句（はいく）
⑦ 班長（はんちょう）
⑧ 毎晩（まいばん）
⑨ 合否（ごうひ）
⑩ 背広（せびろ）

書き 丸付けのポイント

① 頭脳 ⑪ 脳天

○の部分は、「メ」を書く。はらう画、とめる画に注意する。「脳天から声を出す」とは、「かん高い声を出す」こと。

② 派手 ⑫ 流派

○の部分の接する位置に注意する。「流派」とは、「方法・様式などのちがいから区別されるそれぞれの系統」のこと。

③ 拝（む） ⑬ 拝観

○の部分の横画は四本。一番下の横画を一番長く書くこと。縦画を上につき出さないように注意する。

④ 背 ⑭ 背景
⑩ 背広 ⑳ 背負（い）

○の部分、少し右につき出して書くこと。「月」の縦画ははらわない。「せ」以外に、「背」「背く」という訓読みもある。

⑤ 肺病 ⑮ 心肺

○の部分は、はねる。「亠」と「巾」の縦画は続けて書かないこと。「心肺」とは、「心臓」と「肺」のことをいう。

⑪ 脳天（のうてん）
⑫ 流派（りゅうは）
⑬ 拝観（はいかん）
⑭ 背景（はいけい）
⑮ 心肺（しんぱい）
⑯ 俳優（はいゆう）
⑰ 救護班（きゅうごはん）
⑱ 晩年（ばんねん）
⑲ 否定（ひてい）
⑳ 背負い（せお（い））

俳
はらう

⑥ 俳句 ⑯ 俳優

○の部分は、はらう。左右に横画を三本ずつ書く。俳句をつくる人を「俳人（はいじん）」といい、俳人が使う名前を「俳号（はいごう）」という。

班
はらう

⑦ 班長 ⑰ 救護班

○の部分は、はらう。左側の「王」は、一番下の横画を右上にはらって書く。右側の「王」を少し大きめに書く。

晩
忘れずに

⑧ 毎晩 ⑱ 晩年

○の部分は、「口」ではなく、縦画を書くのを忘れないこと。「晩年」とは、「一生の終わりに近い時期」のこと。

⑨ 合否 ⑲ 否定

○の部分は、はらわずとめる。「合否」とは、「合格と不合格」のことで、反対の意味の漢字を組み合わせた熟語（じゅくご）。

漢字学習 17

問題 ▼本冊96ページ

テ 書き　丸付けのポイント

第4ターンの2

解答

① 批評（ひひょう）
② 秘密（ひみつ）
③ 米俵（こめだわら）
④ 腹（はら）
⑤ 奮う（ふる〔う〕）
⑥ 並べる（なら〔べる〕）
⑦ 陛下（へいか）
⑧ 閉じる（と〔じる〕）
⑨ 片手（かたて）
⑩ 閉める（し〔める〕）

批（右のヒとちがう）

① 批評　⑪ 批判

左右の「ヒ」の形のちがいに注意する。「批評」とは、「良い点や悪い点を指摘（してき）して、価値（かち）を決めること」。

秘（はねる）

② 秘密　⑫ 神秘

○の部分は、はねる。それぞれの点の向きに注意。「神秘」とは、「人間の知恵（ちえ）では計り知れない不思議なこと」。

俵（はねる）

③ 米俵　⑬ 土俵

○の部分は、はねる。横画は三本で、一番下を長く書く。「同じ土俵に立つ」とは、「同じ条件や環境（かんきょう）で争う」こと。

腹（忘れずに）

④ 腹　⑭ 空腹

○の部分のはらいを忘れない。同じ音で形の似ている「複・復」との使い分けに注意。「腹」は「はら・おなか」のこと。

⑤ 奮（う）　⑮ 奮起

右はらいの、書き始めの位置に注意。下の「田」を少し横長に書く。「奮起」とは、「勇気をふるいおこすこと」。

⑪ 批判（ひはん）

⑫ 神秘（しんぴ）

⑬ 土俵（どひょう）

⑭ 空腹（くうふく）

⑮ 奮起（ふんき）

⑯ 足並み（あしな（み））

⑰ 陛下（へいか）

⑱ 閉店（へいてん）

⑲ 片足（かたあし）

⑳ 開閉（かいへい）

⑥ 並（べる）　⑯ 足並（み）

○の部分は、縦画（たてかく）を二本書くことに注意。「鼻を並べる」とは、「横一線に並ぶ」ことを意味する。

⑦ 陛下　⑰ 陛下

左右の「ヒ」の形のちがいに注意。左ははらい、右ははねる。下の「土」の縦画は、「座」のように長くしないこと。

⑧ 閉（じる）　⑱ 閉店
⑩ 閉（める）　⑳ 開閉

○の部分は、少し右につき出してはらう。「開閉」は、「開ける」と「閉じる」で、反対の意味の漢字を組み合わせた熟語（じゅくご）。

⑨ 片手　⑲ 片足

○の部分の縦画を忘れずに書くこと。「片足をつっこむ」とは、「少し関わりをもつ」ことを意味する。

漢字学習 18

問題 ▼本冊100ページ

解答 第4タームの3

① 補う（おぎな〈う〉）
② 暮らし（く〈らし〉）
③ 宝石（ほうせき）
④ 訪問（ほうもん）
⑤ 存亡（そんぼう）
⑥ 忘れ（わす〈れ〉）
⑦ 鉄棒（てつぼう）
⑧ 枚数（まいすう）
⑨ 幕（まく）
⑩ 亡国（ぼうこく）

テ 書き 丸付けのポイント

① 補（う） ⑪ 補助

左右の○の部分の点を忘れない。十一画目の縦画(たてかく)は、下までつき出して書くことにも注意。

② 暮（らし） ⑫ 夕暮（れ）

○の部分の左右のはらいの、書き始めの位置に注意。「大」としないこと。形の似ている「墓・幕」とまちがえないこと。

③ 宝石 ⑬ 宝

○の部分の点を忘れずに書く。「宝物」は、「たからもの」とも「ほうもつ」とも読む。

④ 訪問 ⑭ 訪（ねる）

「訪問」の「もん」は「問」と書き、「門」ではない。「訪ねる」は、「目的があってその場所へ行く」という意味。

⑤ 存亡 ⑮ 亡命
⑩ 亡国 ⑳ 興亡

○の部分は、折れずに曲げて書くこと。「存亡」とは、「存在と滅亡(めつぼう)」のことで、反対の意味の漢字を組み合わせた熟語(じゅくご)。

⑪ 補助（ほじょ）

⑫ 夕暮れ（ゆうぐ（れ））

⑬ 宝（たから）

⑭ 訪ねる（たず（ねる））

⑮ 亡命（ぼうめい）

⑯ 度忘れ（どわす（れ））

⑰ 棒線（ぼうせん）

⑱ 三枚（さんまい）

⑲ 幕府（ばくふ）

⑳ 興亡（こうぼう）

⑥ 忘（れ）　⑯ 度忘（れ）

○の部分は、とめる。「度忘れ」とは、「よく知っているはずのことをふと忘れてしまい、思い出せないこと」。

⑦ 鉄棒　⑰ 棒線

○の部分の横画は三本。右はらいは、二本目の横画から書き始めることに注意。下は、「干」ではなく上につき出して書く。

⑧ 枚数　⑱ 三枚

○の部分のはらいを忘れない。「枚」は、「三枚」「数枚」など、「うすいものを数えるときの言葉」。

⑨ 幕　⑲ 幕府

○の部分は、はねる。左右のはらいの書き始めの位置に注意。形の似ている「墓・暮」とまちがえないこと。

漢字学習 19

問題 ▼本冊104ページ

第4タームの4

解答

①密輸（みつゆ）
②同盟（どうめい）
③模様（もよう）
④通訳（つうやく）
⑤郵送（ゆうそう）
⑥優勝（ゆうしょう）
⑦預かる（あず（かる））
⑧幼い（おさな（い））
⑨食欲（しょくよく）
⑩欲求（よっきゅう）

テ 書き 丸付けのポイント

①密輸　⑪過密

○の部分は「山」なので、真ん中を高く書く。「過密」とは、「人や物などがある範囲や地域に集中しすぎていること」。

②同盟　⑫盟友

○の部分は、はらう。「同盟」とは、「同じ目的を達成するために、同じ行動をとるように約束すること」。

③模様　⑬規模

○の部分は、「日」を少し横長に書く。「日」の下は「大」。「暮」とはちがい、右はらいを横画の上につき出さない。

④通訳　⑭訳

○の部分の書き始めの位置に注意。「通訳」とは、「言葉が異なる人々の間で、おたがいの言葉に直して話をとりもつこと」。

⑤郵送　⑮郵便

○の部分は、右上にはらう。「郵送」は、「郵便で送る」という意味で、上の字が下の字を修飾する熟語。

⑪ 過密（かみつ）
⑫ 盟友（めいゆう）
⑬ 規模（きぼ）
⑭ 訳（わけ）
⑮ 郵便（ゆうびん）
⑯ 声優（せいゆう）
⑰ 預金（よきん）
⑱ 幼虫（ようちゅう）
⑲ 欲望（よくぼう）
⑳ 意欲（いよく）

⑥ 優勝 ⑯ 声優

○の部分の横画は二本。「百」としないこと。上の二本の縦画と「冖」がくっついていることにも注意する。

預

はねる

⑦ 預（かる） ⑰ 預金

○の部分は、はねる。「預金」も「貯金」もお金を預けて貯めることで、預ける金融機関によって使い分ける。

⑧ 幼（い） ⑱ 幼虫

○の部分は、とめる。右側は、「刀」ではなく「力」を書く。「おさない」と読むときの送り仮名は「い」。

⑨ 食欲 ⑲ 欲望
⑩ 欲求 ⑳ 意欲

○の部分は、くっつけずに少し空けて書く。四画目は、はらわない。「欲望」とは、「不足を満たそうと強く望むこと」。

漢字学習【20】

問題 ▼本冊108ページ

解答 第4タームの5

①翌日（よくじつ）
②乱す（みだ〈す〉）
③卵（たまご）
④一覧（いちらん）
⑤裏側（うらがわ）
⑥律する（りっ〈する〉）
⑦臨時（りんじ）
⑧朗読（ろうどく）
⑨結論（けつろん）
⑩裏方（うらかた）

テ 書き 丸付けのポイント

① 翌日 ⑪ 翌週

「羽」は、左右とも同じようにはねる。下は、「土」ではなく「立」を書く。「翌日」とは、「その日の次の日」のこと。

乱

はらう

② 乱（す） ⑫ 混乱

○の部分は、左下に向かってはらう。「和を乱す」とは、「協力せずに、敵対したり勝手な行動をしたりする」こと。

卵

はねる

③ 卵 ⑬ 生卵

○の部分は、はねる。左右の点を忘れない。一人前でない人のことを、「医者の卵」のように、「卵」と表現することがある。

④ 一覧 ⑭ 便覧

○の部分の「二」を忘れない。「便覧」とは、「物事の内容を、便利で調べやすいように編集したハンドブック」のこと。

⑤ 裏側 ⑮ 裏切（り）
⑩ 裏方 ⑳ 口裏

縦画（たてかく）を、「田」と「土」に分けない。「口裏を合わせる」とは、「事前に相談して、発言が食いちがわないようにする」こと。

⑪翌週（よくしゅう）

⑫混乱（こんらん）

⑬生卵（なまたまご）

⑭便覧（びんらん）

⑮裏切り（うらぎ（り））

⑯法律（ほうりつ）

⑰君臨（くんりん）

⑱朗報（ろうほう）

⑲論文（ろんぶん）

⑳口裏（くちうら）

律

つき出す

⑥律（する）⑯法律

○の部分は、右につき出して書く。「律する」とは、「行動や判断の基準をもうけて、統制・管理する」こと。

臨

忘れずに

⑦臨時 ⑰君臨

○の部分のはらいを忘れずに書く。「君臨」とは、「ある分野で、他の人をおさえて絶対的（ぜったいてき）な勢力をふるう」こと。

朗

忘れずに

⑧朗読 ⑱朗報

○の部分の縦画を忘れない。「良」との形のちがいに注意。「朗報」とは、「喜ばしい知らせ」のこと。

⑨結論 ⑲論文

○の部分は、横画が一本で縦画が二本。「用」のように書かないこと。「結論」とは、「最終的な判断」のこと。

第1タームのテスト

問題 ▼本冊40～41ページ

1 読み 解答

①はっきり ②きぬおりもの ③いぎ ④りょういき ⑤げんかく ⑥あなぐら ⑦かんげき ⑧わ（る） ⑨の（ばす） ⑩われさき ⑪ていきょう ⑫うたが（い） ⑬かんご ⑭うちゅう ⑮いでん ⑯かんちょう ⑰かくしん ⑱かいけん ⑲けいこく ⑳どきょう ㉑じこ ㉒きょうど ㉓こうたいごう ㉔かくちょう ㉕じょうえい ㉖ふるかぶ ㉗てんこ ㉘かけい ㉙きんぞく ㉚にゅうかく ㉛えんかく ㉜きき ㉝いえき ㉞す（い） ㉟あやま（る） ㊱かんげき ㊲おうじ ㊳こうき ㊴すじみち ㊵はっけん ㊶おんぎ ㊷かんりゃく ㊸はいざら ㊹おやふこう ㊺べんきょうづくえ ㊻じんけん ㊼くちべに ㊽うやま（う） ㊾みなもと ㊿かんまつ

2 書き 解答

①拡大 ②恩人 ③呼（ぶ） ④貴族 ⑤警報 ⑥胃薬 ⑦吸引 ⑧皇后 ⑨改革 ⑩故郷 ⑪演劇 ⑫映（る） ⑬厳（しい） ⑭指揮 ⑮腹筋 ⑯絹 ⑰我 ⑱電源 ⑲内閣 ⑳遺産 ㉑胸 ㉒机 ㉓利己 ㉔沿（う） ㉕激（しい） ㉖簡易 ㉗誤差 ㉘異常 ㉙疑問 ㉚割引 ㉛勤（める） ㉜紅葉 ㉝巻貝 ㉞入場券 ㉟宇宙 ㊱皇居 ㊲看板 ㊳岩穴 ㊴株式 ㊵孝行 ㊶子供 ㊷地域 ㊸危（ない） ㊹権利 ㊺干（し） ㊻敬語 ㊼延期 ㊽憲法 ㊾灰色 ㊿系統

第2タームのテスト

問題 ▼本冊64～65ページ

1 読み 解答

①い（る） ②こうざ ③しょせつ ④るいすい ⑤さくりゃく ⑥しゅうがく ⑦も（り） ⑧こんなん ⑨じりょく ⑩しゅうぎいん ⑪しょうち ⑫べっさつ ⑬かいしゅう ⑭せいか ⑮すなば ⑯じょせつ ⑰しゃく ⑱じんあい ⑲こくそう ⑳たいしょ ㉑すがた ㉒じょうはつ ㉓おさ（める） ㉔さいけつ ㉕たんしゅく ㉖ひんし ㉗こうさん ㉘すんぜん ㉙わか（い） ㉚ぶしょ ㉛ようさん ㉜じゅうじ ㉝た（らす） ㉞じゅうし ㉟こっせつ ㊱そうじゅう ㊲こしょう ㊳しきゅう ㊴じょうりょくじゅ ㊵たいしょう ㊶じこく ㊷じゅんきん ㊸ざっし ㊹はり ㊺けいざい ㊻じゅくち ㊼こうし ㊽かんしょう ㊾しゅしゃ ㊿こうざい

2 書き 解答

①冊子 ②縦 ③降（りる） ④公衆 ⑤蒸留 ⑥至（る） ⑦処分 ⑧反射 ⑨鋼鉄 ⑩縮（む） ⑪従（う） ⑫私語 ⑬若者 ⑭単純 ⑮裁（く） ⑯推理 ⑰就任 ⑱困（る） ⑲宗派 ⑳歌詞 ㉑保障 ㉒済（ます） ㉓未熟 ㉔樹木 ㉕視点 ㉖雑穀 ㉗磁針 ㉘署名 ㉙捨（てる） ㉚方針 ㉛散策 ㉜座席 ㉝将来 ㉞尺度 ㉟仁義 ㊱日誌 ㊲砂鉄 ㊳垂直 ㊴伝承 ㊵蚕 ㊶傷口 ㊷諸国 ㊸刻（む） ㊹聖書 ㊺除（く） ㊻容姿 ㊼盛大 ㊽回収 ㊾骨組（み） ㊿寸法

第３タームのテスト

問題 ▼本冊88～89ページ

1 読み 解答

①めいちょ ②こうそう ③せんれん ④しゅくてき ⑤だんらく ⑥おさ（める） ⑦ちょうない ⑧したた（らず） ⑨ちゅうがえ（り） ⑩くさきぞ（め） ⑪どうそう ⑫ねふだ ⑬むずか（しい） ⑭ぜんりょう ⑮まんちょう ⑯ぞうき ⑰ほぞん ⑱やちん ⑲さが（す） ⑳さとう ㉑ちゅうせい ㉒てんじ ㉓そうさ ㉔ちゅうこく ㉕そうしゃ ㉖とどう ㉗ぞうしょ ㉘せいたん ㉙そうび ㉚いずみ ㉛ちょうしゃ ㉜ふたん ㉝ちち ㉞しりぞ（ける） ㉟とど（く） ㊱せんねん ㊲いたで ㊳つく（る） ㊴とうぎ ㊵だんしょく ㊶せんとう ㊷ぜっちょう ㊸ほんぞん ㊹みと（め） ㊺せんこく ㊻たくはい ㊼とうと（ぶ）／たっと（ぶ） ㊽ぶんたん ㊾ひつう ㊿かくのう

2 書き 解答

①著者 ②冷蔵 ③宣伝 ④検討 ⑤窓口 ⑥潮風 ⑦帰宅 ⑧届（け） ⑨誠実 ⑩暖（かい） ⑪金銭 ⑫改装 ⑬発展 ⑭担当 ⑮洗（う） ⑯忠実 ⑰誕生 ⑱演奏 ⑲苦痛 ⑳体操 ㉑政党 ㉒専門 ㉓探検 ㉔県庁 ㉕内臓 ㉖最善 ㉗認（める） ㉘創作 ㉙賃金 ㉚舌先 ㉛糖度 ㉜引退 ㉝敵意 ㉞尊敬 ㉟牛乳 ㊱染（める） ㊲宙 ㊳大腸 ㊴地層 ㊵収納 ㊶価値 ㊷非難 ㊸温泉 ㊹頂上 ㊺階段 ㊻存在 ㊼尊重 ㊽担任 ㊾痛（む） ㊿納入

第４タームのテスト

問題 ▼本冊112～113ページ

1 読み 解答

①かたあし ②ひてい ③きぼ ④たから ⑤ろうほう ⑥はいけい ⑦みつゆ ⑧うらぎ（り） ⑨どひょう ⑩ろんぶん ⑪まく ⑫はいびょう ⑬なまたまご ⑭ぼうめい ⑮あしな（み） ⑯しょくよく ⑰おぎな（う） ⑱のうてん ⑲みだ（す） ⑳はら ㉑ゆうしょう ㉒ぼうせん ㉓ばんねん ㉔よくしゅう ㉕へいか ㉖くんりん ㉗おが（む） ㉘ゆうびん ㉙く（らし） ㉚いちらん ㉛ひひょう ㉜めいゆう ㉝ふる（う） ㉞きゅうごはん ㉟ようちゅう ㊱どわす（れ） ㊲しんぴ ㊳りっ（する） ㊴さんまい ㊵りゅうは ㊶つうやく ㊷たず（ねる） ㊸と（じる） ㊹あず（かる） ㊺はいく ㊻せびろ ㊼よっきゅう ㊽かいへい ㊾ぼうこく ㊿うらかた

2 書き 解答

①宝石 ②便覧 ③班長 ④模様 ⑤陛下 ⑥法律 ⑦頭脳 ⑧鉄棒 ⑨訳 ⑩秘密 ⑪混乱 ⑫補助 ⑬郵送 ⑭俳優 ⑮閉店 ⑯臨時 ⑰過密 ⑱並（べる） ⑲心肺 ⑳卵 ㉑訪問 ㉒預金 ㉓合否 ㉔結論 ㉕奮起 ㉖同盟 ㉗忘（れ） ㉘拝観 ㉙翌日 ㉚存亡 ㉛米俵 ㉜裏側 ㉝枚数 ㉞朗読 ㉟背負（い） ㊱幼（い） ㊲片手 ㊳幕府 ㊴毎晩 ㊵批判 ㊶声優 ㊷派手 ㊸夕暮（れ） ㊹空腹 ㊺欲望 ㊻背 ㊼意欲 ㊽閉 ㊾興亡 ㊿口裏

ウルトラテスト1

問題 ▼本冊118～119ページ

1 読み 解答

①よきん ②ないぞう ③いんたい ④す(てる) ⑤かんばん ⑥じしん ⑦ちんぎん ⑧たんけん ⑨さっし ⑩きぬ ⑪にゅうじょうけん ⑫ほうしん ⑬かぶしき ⑭そうさく ⑮けいほう ⑯しょうらい ⑰ほしょう ⑱さば(く) ⑲われ ⑳すいり ㉑しょぶん ㉒いさん ㉓こま(る) ㉔せいゆう ㉕ちゅう ㉖ろうどく ㉗ごうひ ㉘ちょしゃ ㉙かし ㉚ひみつ ㉛けんとう ㉜おさな(い) ㉝こども ㉞さんさく ㉟かいだん ㊱はで ㊲かいしゅう ㊳せいしょ ㊴たんじょう ㊵じょうりゅう ㊶きゅういん ㊷よくぼう ㊸こきょう ㊹わりびき ㊺わけ ㊻びんらん ㊼しょこく ㊽じゅもく ㊾へいてん ㊿お(りる)

2 書き 解答

①痛手 ②宝 ③干潮 ④保存 ⑤時刻 ⑥暮(らし) ⑦入閣 ⑧難(しい) ⑨感激 ⑩補(う) ⑪草木染(め) ⑫乱(す) ⑬納(める) ⑭熟知 ⑮純金 ⑯盛(り) ⑰巻末 ⑱就学 ⑲蔵書 ⑳姿 ㉑論文 ㉒領域 ㉓仁愛 ㉔肺病 ㉕届(く) ㉖腸内 ㉗砂場 ㉘重視 ㉙高貴 ㉚幕 ㉛土俵 ㉜密輸 ㉝度胸 ㉞穀倉 ㉟展示 ㊱忠告 ㊲奮(う) ㊳射(る) ㊴経済 ㊵足並(み) ㊶銭湯 ㊷垂(らす) ㊸皇太后 ㊹宅配 ㊺俳句 ㊻延(ばす) ㊼若(い) ㊽宇宙 ㊾善良 ㊿自己

ウルトラテスト2

問題 ▼本冊120～121ページ

1 読み 解答

①ちいき ②むね ③こめだわら ④はんしゃ ⑤ほうせき ⑥ばくふ ⑦けつろん ⑧しゅうにん ⑨してん ⑩かみつ ⑪えんき ⑫しんぱい ⑬ほ(し) ⑭なら(べる) ⑮ひなん ⑯きざ(む) ⑰だいちょう ⑱うちゅう ⑲せいだい ⑳かたて ㉑けんぽう ㉒しおかぜ ㉓こうてつ ㉔りんじ ㉕でんげん ㉖はいいろ ㉗うつ(る) ㉘しご ㉙せんもん ㉚しき ㉛ほねぐ(み) ㉜ちぢ(む) ㉝ふっきん ㉞かいかく ㉟わす(れ) ㊱きび(しい) ㊲とうど ㊳まいばん ㊴みと(める) ㊵かち ㊶ぎゅうにゅう ㊷ぎもん ㊸いた(る) ㊹てきい ㊺もよう ㊻ちそう ㊼しょめい ㊽きずぐち ㊾ほうりつ ㊿かいそう

2 書き 解答

①翌週 ②退(ける) ③批評 ④取捨 ⑤徒党 ⑥発券 ⑦三枚 ⑧雑誌 ⑨口座 ⑩家賃 ⑪皇子 ⑫裏切(り) ⑬看護 ⑭養蚕 ⑮預(かる) ⑯人権 ⑰庁舎 ⑱類推 ⑲臓器 ⑳誤(る) ㉑古株 ㉒磁力 ㉓穴蔵 ㉔大将 ㉕舌足(らず) ㉖裁決 ㉗危機 ㉘棒線 ㉙創(る) ㉚我先 ㉛洗練 ㉜敬(う) ㉝別冊 ㉞勤続 ㉟救護班 ㊱点呼 ㊲警告 ㊳故障 ㊴観劇 ㊵探(す) ㊶絶頂 ㊷拝(む) ㊸針 ㊹郵便 ㊺除雪 ㊻陛下 ㊼奏者 ㊽拡張 ㊾異議 ㊿絹織物

ウルトラテスト3

問題 ▼本冊122〜123ページ

1 読み 解答

①ざっこく ②まきがい ③とど(け) ④しゅうのう ⑤きんせん ⑥ほじょ ⑦りこ ⑧そ(める) ⑨ちゅうじつ ⑩みじゅく ⑪じんぎ ⑫はいゆう ⑬はってん ⑭きたく ⑮そんざい ⑯わかもの ⑰ないかく ⑱す(ます) ⑲くつう ⑳いわあな ㉑せいとう ㉒いじょう ㉓したさき ㉔えんげき ㉕あぶ(ない) ㉖けんちょう ㉗かいこ ㉘ひはん ㉙まいすう ㉚ごさ ㉛にっし ㉜てつぼう ㉝こうきょ ㉞はんちょう ㉟ゆうそう ㊱へいか ㊲おんせん ㊳しゃくど ㊴ほうもん ㊵おやこうこう ㊶せお(い) ㊷けいとう ㊸おんじん ㊹たて ㊺つくえ ㊻くちうら ㊼どうめい ㊽こうよう ㊾たんとう ㊿こうしゅう

2 書き 解答

①遺伝 ②操作 ③亡命 ④忠誠 ⑤鋼材 ⑥沿革 ⑦発揮 ⑧名著 ⑨公私 ⑩従事 ⑪源 ⑫段落 ⑬承知 ⑭簡略 ⑮品詞 ⑯収(める) ⑰生卵 ⑱度忘(れ) ⑲筋道 ⑳君臨 ㉑朗報 ㉒暖色 ㉓寸前 ㉔宣告 ㉕同窓 ㉖短縮 ㉗専念 ㉘上映 ㉙否定 ㉚骨折 ㉛宙返(り) ㉜流派 ㉝策略 ㉞灰皿 ㉟聖火 ㊱満潮 ㊲腹 ㊳革新 ㊴胃液 ㊵幼虫 ㊶神秘 ㊷優勝 ㊸本尊 ㊹困難 ㊺討議 ㊻提供 ㊼脳天 ㊽対処 ㊾改憲 ㊿片足

ウルトラテスト4

問題 ▼本冊124〜125ページ

1 読み 解答

①さてつ ②こうごう ③はげ(しい) ④たんじゅん ⑤こんらん ⑥ようし ⑦ふんき ⑧ゆうぐ(れ) ⑨きぞく ⑩れいぞう ⑪さいぜん ⑫すいちょく ⑬よ(ぶ) ⑭はいかん ⑮のぞ(く) ⑯ちょうじょう ⑰つと(める) ⑱かくだい ⑲えんそう ⑳あら(う) ㉑ざせき ㉒けんり ㉓よくじつ ㉔けいご ㉕うらがわ ㉖たまご ㉗すんぽう ㉘したが(う) ㉙そんぼう ㉚くうふく ㉛あたた(かい) ㉜せいじつ ㉝そんけい ㉞かんい ㉟そ(う) ㊱せんでん ㊲まどぐち ㊳でんしょう ㊴ずのう ㊵いぐすり ㊶たいそう ㊷そんちょう ㊸たんにん ㊹いた(む) ㊺のうにゅう ㊻しゅうは ㊼し ㊽せ ㊾こうぼう ㊿いよく

2 書き 解答

①諸説 ②訪(ねる) ③晩年 ④家系 ⑤疑(い) ⑥生誕 ⑦装備 ⑧部署 ⑨衆議院 ⑩感傷 ⑪恩義 ⑫認(め) ⑬規模 ⑭降参 ⑮操縦 ⑯砂糖 ⑰食欲 ⑱勉強机 ⑲背景 ⑳通訳 ㉑律(する) ㉒宿敵 ㉓吸(い) ㉔口紅 ㉕改宗 ㉖一覧 ㉗負担 ㉘蒸発 ㉙至急 ㉚高層 ㉛泉 ㉜常緑樹 ㉝尺 ㉞厳格 ㉟親不孝 ㊱盟友 ㊲値札 ㊳乳 ㊴郷土 ㊵割(る) ㊶閉(じる) ㊷尊(ぶ) ㊸分担 ㊹悲痛 ㊺格納 ㊻開閉 ㊼背広 ㊽裏方 ㊾欲求 ㊿亡国

MEMO